U0925934

临济录

中国佛学经典宝藏

34

张伯伟 释译

星云大师总监修

人民东方出版传媒
東方出版社

图书在版编目（CIP）数据

临济录 / 张伯伟 释译 . —北京：东方出版社，2018.8
（中国佛学经典宝藏）
ISBN 978 - 7 - 5060 - 8610 - 3

Ⅰ . ①临… Ⅱ . ①张… Ⅲ . ①临济宗—语录—中国—唐代②《临济录》—注释③《临济录》—译文 Ⅳ . ① B946.5

中国版本图书馆 CIP 数据核字（2015）第 289512 号

本书中文简体字版权由上海大觉文化传播有限公司独家授权出版
中文简体字版专有权属东方出版社

临济录
（LINJI LU）

释 译 者：张伯伟
责任编辑：王梦楠
出　　版：东方出版社
发　　行：人民东方出版传媒有限公司
地　　址：北京市东城区东四十条 113 号
邮　　编：100007
印　　刷：北京京都六环印刷厂
版　　次：2018 年 8 月第 1 版
印　　次：2018 年 8 月第 1 次印刷
开　　本：880 毫米 ×1230 毫米 1/32
印　　张：10.125
字　　数：178 千字
书　　号：ISBN 978 - 7 - 5060 - 8610 - 3
定　　价：48.00 元
发行电话：（010）85924663 85924644 85924641

版权所有，违者必究
如有印装质量问题，我社负责调换，请拨打电话：（010）85924602 85924603

《中国佛学经典宝藏》
大陆简体字版编审委员会

主任委员：赖永海

委　　员：（以姓氏笔画为序）

王月清　王邦维　王志远　王雷泉

业露华　许剑秋　陈永革　吴根友

徐小跃　龚　隽　葛兆光　温金玉

彭明哲　程恭让　鲁彼德　董　群

潘少平　潘桂明　魏道儒

总序

星云

自读首楞严，从此不尝人间糟糠味；

认识华严经，方知已是佛法富贵人。

诚然，佛教三藏十二部经有如暗夜之灯炬、苦海之宝筏，为人生带来光明与幸福，古德这首诗偈可说一语道尽行者阅藏慕道、顶戴感恩的心情！可惜佛教经典因为卷帙浩瀚、古文艰涩，常使忙碌的现代人有义理远隔、望而生畏之憾，因此多少年来，我一直想编纂一套白话佛典，以使法雨均沾，普利十方。

一九九一年，这个心愿总算有了眉目。是年，佛光山在中国大陆广州市召开“白话佛经编纂会议”，将该套丛书定名为《中国佛教经典宝藏》①。后来几经集思广

① 编者注:《中国佛教经典宝藏》丛书，大陆出版时改为《中国佛学经典宝藏》丛书。

益，大家决定其所呈现的风格应该具备下列四项要点：

一、启发思想：全套《中国佛教经典宝藏》共计百余册，依大乘、小乘、禅、净、密等性质编号排序，所选经典均具三点特色：

1. 历史意义的深远性
2. 中国文化的影响性
3. 人间佛教的理念性

二、通顺易懂：每册书均设有原典、注释、译文等单元，其中文句铺排力求流畅通顺，遣词用字力求深入浅出，期使读者能一目了然，契入妙谛。

三、文简意赅：以专章解析每部经的全貌，并且搜罗重要的章句，介绍该经的精神所在，俾使读者对每部经义都能透彻了解，并且免于以偏概全之谬误。

四、雅俗共赏：《中国佛教经典宝藏》虽是白话佛典，但亦兼具通俗文艺与学术价值，以达到雅俗共赏、三根普被的效果，所以每册书均以题解、源流、解说等章节，阐述经文的时代背景、影响价值及在佛教历史和思想演变上的地位角色。

兹值佛光山开山三十周年，诸方贤圣齐来庆祝，历经五载、集二百余人心血结晶的百余册《中国佛教经典宝藏》也于此时隆重推出，可谓意义非凡，论其成就，则有四点可与大家共同分享：

一、佛教史上的开创之举：民国以来的白话佛经翻译虽然很多，但都是法师或居士个人的开示讲稿或零星的研究心得，由于缺乏整体性的计划，读者也不易窥探佛法之堂奥。有鉴于此，《中国佛教经典宝藏》丛书突破窠臼，将古来经律论中之重要著作，做有系统的整理，为佛典翻译史写下新页！

二、杰出学者的集体创作：《中国佛教经典宝藏》丛书结合中国大陆北京、南京各地名校的百位教授、学者通力撰稿，其中博士学位者占百分之八十，其他均拥有硕士学位，在当今出版界各种读物中难得一见。

三、两岸佛学的交流互动：《中国佛教经典宝藏》撰述大部分由大陆饱学能文之教授负责，并搜录台湾教界大德和居士们的论著，借此衔接两岸佛学，使有互动的因缘。编审部分则由台湾和大陆学有专精之学者从事，不仅对中国大陆研究佛学风气具有带动启发之作用，对于台海两岸佛学交流更是帮助良多。

四、白话佛典的精华集萃：《中国佛教经典宝藏》将佛典里具有思想性、启发性、教育性、人间性的章节做重点式的集萃整理，有别于坊间一般“照本翻译”的白话佛典，使读者能充分享受“深入经藏，智慧如海”的法喜。

今《中国佛教经典宝藏》付梓在即，吾欣然为之作序，并借此感谢慈惠、依空等人百忙之中，指导编修；吉广舆等人奔走两岸，穿针引线；以及王志远、赖永海等大陆教授的辛勤撰述；刘国香、陈慧剑等台湾学者的周详审核；满济、永应等“宝藏小组”人员的汇编印行。由于他们的同心协力，使得这项伟大的事业得以不负众望，功竟圆成！

《中国佛教经典宝藏》虽说是大家精心擘划、全力以赴的巨作，但经义深邈，实难尽备；法海浩瀚，亦恐有遗珠之憾；加以时代之动乱，文化之激荡，学者教授于契合佛心，或有差距之处。凡此失漏必然甚多，星云谨以愚诚，祈求诸方大德不吝指正，是所至祷。

一九九六年五月十六日于佛光山

原版序
敲门处处有人应

慈惠

《中国佛教经典宝藏》是佛光山继《佛光大藏经》之后，推展人间佛教的百册丛书，以将传统《大藏经》精华化、白话化、现代化为宗旨，力求佛经宝藏再现今世，以通俗亲切的面貌，温渥现代人的心灵。

佛光山开山三十年以来，家师星云上人致力推展人间佛教，不遗余力，各种文化、教育事业蓬勃创办，全世界弘法度化之道场应机兴建，蔚为中国现代佛教之新气象。这一套白话精华大藏经，亦是大师弘教传法的深心悲愿之一。从开始构想、擘划到广州会议落实，无不出自大师高瞻远瞩之眼光，从逐年组稿到编辑出版，幸赖大师无限关注支持，乃有这一套现代白话之大藏经问世。

这是一套多层次、多角度、全方位反映传统佛教文化的丛书，取其精华，舍其艰涩，希望既能将《大藏经》

深睿的奥义妙法再现今世，也能为现代人提供学佛求法的方便舟筏。我们祈望《中国佛教经典宝藏》具有四种功用：

一、是传统佛典的精华书

中国佛教典籍汗牛充栋，一套《大藏经》就有九千余卷，穷年皓首都研读不完，无从赈济现代人的枯槁心灵。《宝藏》希望是一滴浓缩的法水，既不失《大藏经》的法味，又能有稍浸即润的方便，所以选择了取精用弘的摘引方式，以舍弃庞杂的枝节。由于执笔学者各有不同的取舍角度，其间难免有所缺失，谨请十方仁者鉴谅。

二、是深入浅出的工具书

现代人离古愈远，愈缺乏解读古籍的能力，往往视《大藏经》为艰涩难懂之天书，明知其中有汪洋浩瀚之生命智慧，亦只能望洋兴叹，欲渡无舟。《宝藏》希望是一艘现代化的舟筏，以通俗浅显的白话文字，提供读者遨游佛法义海的工具。应邀执笔的学者虽然多具佛学素养，但大陆对白话写作之领会角度不同，表达方式与台湾有相当差距，造成编写过程中对深厚佛学素养与流畅白话语言不易兼顾的困扰，两全为难。

三、是学佛入门的指引书

佛教经典有八万四千法门，门门可以深入，门门是无限宽广的证悟途径，可惜缺乏大众化的入门导览，不易寻觅捷径。《宝藏》希望是一支指引方向的路标，协助十方大众深入经藏，从先贤的智慧中汲取养分，成就无上的人生福泽。

四、是解深入密的参考书

佛陀遗教不仅是亚洲人民的精神归依，也是世界众生的心灵宝藏。可惜经文古奥，缺乏现代化传播，一旦庞大经藏沦为学术研究之训诂工具，佛教如何能扎根于民间？如何普济僧俗两众？我们希望《宝藏》是百粒芥子，稍稍显现一些须弥山的法相，使读者由浅入深，略窥三昧法要。各书对经藏之解读诠释角度或有不足，我们开拓白话经藏的心意却是虔诚的，若能引领读者进一步深研三藏教理，则是我们的衷心微愿。

大陆版序一

《中国佛教经典宝藏》是一套对主要佛教经典进行精选、注译、经义阐释、源流梳理、学术价值分析，并把它们翻译成现代白话文的大型佛学丛书，成书于二十世纪九十年代，由台湾佛光文化事业有限公司出版，星云大师担任总监修，由大陆的杜继文、方立天以及台湾的星云大师、圣严法师等两岸百余位知名学者、法师共同编撰完成。十几年来，这套丛书在两岸的学术界和佛教界产生了巨大的影响，对研究、弘扬作为中国传统文化重要组成部分的佛教文化，推动两岸的文化学术交流发挥了十分重要的作用。

《中国佛学经典宝藏》则是《中国佛教经典宝藏》的简体字修订版。之所以要出版这套丛书，主要基于以下的考虑：

首先，佛教有三藏十二部经、八万四千法门，典籍浩瀚，博大精深，即便是专业研究者，穷其一生之精力，恐也难阅尽所有经典，因此之故，有“精选”之举。

其次，佛教源于印度，汉传佛教的经论多译自梵语；加之，代有译人，版本众多，或随音，或意译，同一经文，往往表述各异。究竟哪一种版本更契合读者根机？哪一个注疏对读者理解经论大意更有助益？编撰者除了标明所依据版本外，对各部经论之版本和注疏源流也进行了系统的梳理。

再次，佛典名相繁复，义理艰深，即便识得其文其字，文字背后的义理，诚非一望便知。为此，注译者特地对诸多冷僻文字和艰涩名相，进行了力所能及的注解和阐析，并把所选经文全部翻译成现代汉语。希望这些注译，能成为修习者得月之手指、渡河之舟楫。

最后，研习经论，旨在借教悟宗、识义得意。为了将其思想义理和现当代价值揭示出来，编撰者对各部经论的篇章品目、思想脉络、义理蕴涵、学术价值等所做的发掘和剖析，真可谓殚精竭虑、苦心孤诣！当然，佛理幽深，欲入其堂奥、得其真义，诚非易事！我们不敢奢求对于各部经论的解读都能鞭辟入里，字字珠玑，但希望能对读者的理解经义有所启迪！

习近平主席最近指出：“佛教产生于古代印度，但传入中国后，经过长期演化，佛教同中国儒家文化和道家文化融合发展，最终形成了具有中国特色的佛教文化，给中国人的宗教信仰、哲学观念、文学艺术、礼仪习俗等留下了深刻影响。”如何去研究、传承和弘扬优秀佛教文化，是摆在我们面前的一个重要课题，人民东方出版传媒有限公司拟对繁体字版的《中国佛教经典宝藏》进行修订，并出版简体字版的《中国佛学经典宝藏》，随喜赞叹，寥寄数语，以叙因缘，是为序。

二〇一六年春于南京大学

大陆版序二

依空

身材高大、肤色白皙、擅长军事的亚利安人，在公元前四千五百多年从中亚攻入西北印度，把当地土著征服之后，为了彻底统治这里的人民，建立了牢不可破的种姓制度，创造了无数的神祇，主要有创造神梵天、破坏神湿婆、保护神毗婆奴。人们的祸福由梵天决定，为了取悦梵天大神，需要透过婆罗门来沟通，因为他们是从梵天的口舌之中生出，懂得梵天的语言——繁复深奥的梵文，婆罗门阶级是宗教祭祀师，负责教育，更掌控了神与人之间往来的话语权。四种姓中最重要的是刹帝利，举凡国家的政治、经济、军事、文化等等都由他们实际操作，属贵族阶级，由梵天的胸部生出。吠舍则是士农工商的平民百姓，由梵天的膝盖以上生出。首陀罗则是被踩在梵天脚下的土著。前三者可以轮回，纵然几世轮转都无法脱离原来种姓，称为再生族；首陀罗则连轮回的因缘都没有，为不生族，生生世世为首陀罗，子孙也倒霉跟着宿命，无法改变身份。相对于此，贱民比首陀罗更为卑微、低贱，连四种姓都无法跻身其中，只能从事挑粪、焚化尸体等最卑贱、龌龊的工作。

出身于高贵种姓释迦族的悉达多太子，为了打破种姓制度的桎梏，舍弃既有的优越族姓，主张一切众生皆平等，成正等觉，创立了佛教僧团。为了贯彻佛教的平等思想，佛陀不仅先度首陀罗身份的优婆离出家，后度释迦族的七王子，先入山门为师兄，树立僧团伦理制度。佛陀更严禁弟子们用贵族的语言——梵文宣讲佛法，而以人民容易理解的地方口语来演说法义，这就是巴利文经典的滥觞。佛陀认为真理不应该是属于少数贵族、知识分子的专利或装饰，而应该更贴近普罗大众，属于平民百姓共有共知。原来佛陀早就在推动佛法的普遍化、大众化、白话化的伟大工作。

佛教从西汉哀帝末年传入中国，历经东汉、魏晋南北朝、隋唐的漫长艰巨的译经过程，加上历代各宗派祖师的著作，积累了庞博浩瀚的汉传佛教典籍。这些经论义理深奥隐晦，加以书写的语言文字为千年以前的古汉文，增加现代人阅读的困难，只能望着汗牛充栋的三藏十二部扼腕慨叹，裹足不前。

如何让大众轻松深入佛法大海，直探佛陀本怀？佛光山开山宗长星云大师乃发起编纂《中国佛教经典宝藏》。一九九一年，先在大陆广州召开“白话佛经编纂会议”，订定一百本的经论种类、编写体例、字数等事项，礼聘中国社科院的王志远教授、南京大学的赖永海教授分别为中国大陆北方与南方的总联络人，邀请大陆各大学的佛教学者撰文，后来增加台湾部分的三十二本，是为一百三十二册的《中国佛教经典宝藏精选白话版》，于一九九七年，作为佛光山开山三十周年的献礼，隆重出版。

六七年间我个人参与最初的筹划，多次奔波往来于大陆与台湾，小心谨慎带回作者原稿，印刷出版、营销推广。看到它成为佛教徒家中的传家宝藏，有心了解佛学的莘莘学子的入门指南书，为星云大师监修此部宝藏的愿心深感赞叹，既上契佛陀“佛法不舍一众”的慈悲本怀，更下启人间佛教“普世益人”的平等精神。尤其可喜者，欣闻现大陆出版方东方出版社潘少平总裁、彭明哲副总编亲自担纲筹划，组织资深编辑精校精勘；更有旅美企业家鲁彼德先生事业有成之际，秉“十方来，十方去，共成十方事”之襟怀，促成简体字版《中国佛学经典宝藏》的刊行。今付梓在即，是为序，以表随喜祝贺之忱！

二〇一六年元月

目 录

题解

佛教传入中国之后，经过六朝时期的“格义”佛学[①]，到唐代而进一步中国化。尤其是禅宗的产生与兴盛，对于佛教的其他宗派自称是“教外别传”，更是具有鲜明的中国特色。同时，禅宗还创造了一种新的文体——语录。这种文体若推究其实，乃是起于《论语》；而最早使用此类书名的，似为孔思尚的《宋齐语录》[②]。所以，这一文体的创造，也完全是佛教中国化的产物。耕云子《临济录摘叶钞序》曰：“法本不在文字，不堕言句。於戏，大龟氏微笑于灵岳，初磨师廓然于梁园。话头已露，自尔祖祖随机应问，横说竖说。其一言半句，咸入道之阶梯也。故其座下学徒，竞务记之，诠次成篇，是诸家语录之所以兴也。”（柳田圣山编《禅学丛书》之十《临济录抄书集成》，页一〇九一）语录体兴起于唐，很快就风靡开来。至北宋景德年间僧道原纂修的《传灯录》，其中就记载了“一千七百人语录”（王应麟《玉海》卷五十八，《中国历代书目丛刊》）。如果以勒为专书者言之，即使就流传至今的加以统计，其数量还是相当可观的。唐宋以降，禅宗相继传入朝鲜和日本，他们除了有对中国禅师语录的谚文（朝鲜文）或日文的诠释外[③]，还有不少用汉文写成的语录[④]。在众多的语录当中，《临济录》就是其中影响最大、流传最广的一种。

《临济录》是记载临济宗开创者义玄禅师言行的一部语录。禅宗自六祖惠能以下，传其法者有南岳怀让、青原行思及荷泽神会。怀让传马祖道一，道一传百丈怀海，怀海传黄檗希运，希运传临济义玄，是为临济宗一脉的师承与渊源。

义玄（公元？—八六七年），俗姓邢，曹州南华（今山东省）人，生年不详。他在正式参禅以前，曾遍究经律，但是有关他早期经历的记载非常缺乏，现在从其传记和传世的语录中，可以知道他对于《法华经》《华严经》《维摩诘经》《楞伽经》《楞严经》等佛经以及《华严合论》《大乘成业论》《法苑义林章》等论说都有相当的造诣（详见本书附录《〈临济录〉引用经论目录》）。《祖堂集》卷十九也记载他曾于大愚前说《瑜伽论》，谈《唯识》（柳田圣山编《祖堂集索引》，页一六一五）。后来他感到这些都不过是“济世之医方也，非教外别传之旨”（见《临济慧照禅师塔记》），于是就将这些完全抛开，到黄檗希运禅师处去参禅，得到黄檗的指点。又到大愚和尚处谒问，终于大悟：“元来黄檗佛法无多子。”（见本书《行录》第一则）开悟后的情况，《临济录》及《景德传灯录》均载其在黄檗门下，唯《祖堂集》记为：“师因此侍奉大愚，经十余年。大愚临迁化时，嘱师云：‘子自不负平生，又乃终吾一世。已后出世传心，第一莫忘黄檗。’”（《祖堂集索引》页一六一四）与其他文献不一。在黄檗门下时，临济还遍访江南各地的禅林宗匠，见诸《临济录·行录》记载的，就有他与龙光、三峰、大慈、华严、翠峰、象田、明化、凤林、金牛等和尚的问答。其后，他北上至镇州（今河北省正定县），在临近滹沱河边的寺院中为住持，后称“临济院”。他在那里建立了“黄檗宗旨”，成为一代宗师。《宋高僧传》卷十二说：“今恒阳号‘临济禅宗’焉。”（《大藏经》第五十册，页七七九）即后世所谓的“临济宗”。临济禅师的卒年，文献记载不一，约有以下三说：

1. 咸通七年（公元八六六年）四月十日。见《祖堂集》《宋高僧传》及《景德传灯录》。

2. 咸通八年（公元八六七年）正月十日。见《临济慧照禅师塔记》。

3. 咸通八年四月十日。见《五灯会元》《人天眼目》。无法做确切的判断，本文姑取咸通八年之说。

从政治上来看，以安史之乱为转折点，大唐帝国的辉煌开始沉没。到了临济义玄所处的晚唐时代，已是中央集权日益崩溃，地方割据势力日益膨胀之时。“夕阳无限好，只是近黄昏”（李商隐《乐游原》），正形象地透露出唐祚将沦的消息。义玄传法的镇州，也正是河朔三镇之一的成德军的所在地。

从思想史上来看，韩愈（公元七六八—八二四年）在元和年间写的《原道》和《论佛骨表》，一方面排斥“夷狄之法”，一方面建立儒家道统；而就对“事佛求福”的斥责来说，至少与禅宗不是根本对立的[⑤]。这一点，实际上反映了中唐以降整个思想界的动态。临济义玄的思想，也是从一个侧面对韩愈“辟佛论”的回应。

从佛教史上来看，佛教传入中国，在晋、宋、齐、梁都受到统治者和贵族阶级的欢迎和支持，所以，各种宗派都依附于当时的统治者。到了隋唐时代，这一点尤为突出。诚如秋月龙珉所指出的那样，天台智颤之于隋炀帝，玄奘的法相唯识之于唐高宗，贤首的华严哲学之于则天武后，不空的密教之于唐代宗，都有着密切的关系（《临济录》，页二三七）。唐武宗会昌年间，佛教遭到了空前的浩劫，从会昌五年（公元八四五年）开始，毁佛寺，勒僧尼还俗（《全唐文》卷七十六）。到会昌七年为止，共计拆除寺院四千六百余所，毁坏招提兰若四万余所，还俗僧尼二十六万余人，没收良田数千万顷，十五万奴婢改为两税户，不再享有免役免税的特权。这对于佛教的寺院经济是致命打击，于是佛教各宗派，如天台宗、华严宗、律宗、唯识宗及真言宗等均纷纷衰落，而禅宗的祖师禅一派却由此而兴盛起来。他们强调在日常生活中体悟宇宙的神秘，即所谓“平常心是道”。佛教的中心，也由京城都邑转移到地方藩镇。禅宗自怀海（公元七二〇—八一四年）制定了《百丈清规》以后，在经济上保证了自给自足，有“一日不作，一日不食”之说。所以，在政治上或经济上都离开了对于政府或贵族的依附，因而在思想上也显出了革新的色彩。义玄的思想正是在这大时代的氛围中形成的。

唐鹤征《四家语录序》指出：“六祖以下分为南岳、青原，而南岳最盛；南岳又分为临济、沩仰，而临济最盛。”这可谓道出了中唐以降禅学发展的事实。《临济录》正是对临济宗开山祖师义玄思想的全面记录，在禅宗思想史上有着重要的地位和价值。

禅宗发展至晚唐五代，逐渐形成了五家分灯的局面，即：由南岳与青原二系演变出以沩山灵祐、仰山慧寂为代表的沩仰宗；以洞山良价、曹山本寂为代表的曹洞宗；以临济义玄为代表的临济宗；以云门文偃为代表的云门宗；以清凉文益为代表的法眼宗。前三宗建立于晚唐，后二宗出现于五代。至北宋，临济宗又分为黄龙、杨岐两派，合称“五家七宗”。到了南宋孝宗时代，沩仰、法眼、云门三系先后断绝。此下直到晚清的禅宗史，也就是临济宗与曹洞宗并传的时期了，其中尤以临济宗的声势为大。

日本禅宗开创者荣西禅师（公元一一四一——一二一五年）[6]在南宋孝宗淳熙十四年（公元一一八七年）入中国求法，所接受的正是临济宗黄龙派第八代嫡孙虚庵怀敞的禅学，属于临济正宗。荣西《兴禅护国论》卷中《宗派血脉论》记载虚庵禅师临别之语曰：“此宗自六祖以降，渐分宗派，法周四海，世洎二十，脉流五家，谓一法眼宗，二临济宗，三沩仰宗，四云门宗，五曹洞宗也。今最盛是临济也。”（《大藏经》第八十册，页十）所以，荣西接受了临济正宗，也不是偶然的。稍后，日本的道元禅师（公元一二〇〇——一二五三年）入宋求学，为如净禅师法嗣，回国后成为日本曹洞宗的始祖。而在影响力方面，临济宗显然更为浩大。《临济录》当然会随着临济宗势力的强盛，而在中日禅宗史上具有不可替代的重要地位。

《临济录》记载了临济的思想，同时也记载了他接引学人的种种方式。这些方式本身并不是其思想，但其中却包含着一定的意蕴。所以，后代僧人往往将这些方式集中起来，并予以提倡、阐发。最重要的方式有四料简、四喝、四宾主、三玄三要、四照用等。《人天眼目》卷一就收录了若干的颂语，以后遂成为禅林中通用的“话头”。至于后代禅僧拈古、评唱或上堂法语中，举用《临济录》中的公案或要旨者就更多了。即使是在僧人的诗文创作中，也常常或明或暗地使用《临济录》的典故。兹以日本镰仓、室町时代（十四世纪中叶至十六世纪后期）的僧人作品为例，略作说明。

这一时期的文学是以五山汉文学为代表的，它上承平安时代，下开江户时代，在日本文学史上有着重要的地位。由于这一时期的作者队伍以僧侣为主，其中很多也是属于临济宗的，所以其创作就带有浓厚的宗教色彩，尤其是受到了禅宗的影响。

清拙正澄（公元一二七四——一三三九年）《贤侍者参径山虚谷和尚》：

君不见临济当年参黄檗，痛棒三回飞霹雳。……河南河北建宗旨，禅板拈来安火里。(《禅居集》)

此见于《临济录·行录》。又《厚禅人回闽》：

有一无位真人，常在面门出入。（同上）

此句为临济的名言。

虎关师炼（公元一二七八——一三四六年）《答藤侍郎》：

逢剑客呈剑，向诗人说诗。（《济北集》卷九）

此出于《临济录·行录》所载之“路逢剑客须呈剑，不是诗人莫献诗”之句。

竺仙梵仙（公元一二九二——一三四八年）《临禅人》：

临济德山久不作，宗门千载成寥寞。茫茫宇宙岂无人，正法瞎驴边灭却。如今尽是天马驹，临济德山皆不如。……阴凉大树覆天下，要见末世千人英。（《天柱集》）

此杂采《临济录·行录》语。

此山妙在（公元一二九六——一三七七年）《自赞》：

临济参黄檗，棒头知痛痒。慈悲亲下手，何必费商量？（《若木集拾遗》）

而化用《临济录》最多的可能要推一休宗纯（公元一三九四——一四八一年），其《狂云集》中不少作品仅仅从标题上便可一望而知，如：“如何是临济下事？”五祖演曰：“五逆闻雷。”《临济四料简》《临济烧机案禅板》《赞普化》《黄檗三顿棒》（以上均见卷上），《赞临济和尚》（卷下）。

由此看来，《临济录》的地位不仅在禅宗史上，同时也在于佛教文学史上；不仅在中国，也影响到日本。所以圆慈在《五家参详要路门》卷一对《临济录》有过这样的评价：

临济慧照禅师，最初入处痛快，悟后参禅瞥脱。虽有五家各立宗旨，初中后事，头正尾正，中兴如来正法眼藏，明了祖师西来密旨者，只此临济一宗，最为至当而已。是故古来以本录称“录中之王”。（《大藏经》第八十一册，页六〇七）

本书是由临济的弟子三圣慧然纂集，兴化存奖校订的。其刊印过程和唐五代许多禅师语录一样，都经过了一个以传抄流传的阶段。最早的刊本当在北宋初期，但已无法考知其具体情况了。现在可考的最古老的单行本，是北宋宣和二年（公元一一二〇年）福州鼓山圆觉宗演的重刊本。此本久已失传，现仅存马防的序文。重刊本和原本的关系，可能并不仅是简单的照样复刻，而是还依据了《景德传灯录》等书并有所增补。

此下的单行本就都是属于这一版本系统的，如元代元贞二年（公元一二九六年）版、大德二年（公元一二九八年）版等。南宋嘉熙二年（公元一二三八年）

鼓山晦室师明集《续古尊宿语要》收有《临济录》（赜藏主原集四卷本未收），题作“镇州临济禅师语　嗣黄檗”，并补充了马防的序文。咸淳三年（公元一二六七年）觉心居士重刻《古尊宿语录》，也收录了《临济录》。这些版本也都是根据宣和本而复刻的，属于同一个源流。咸淳版对日本刊本影响甚大，据秋月龙珉所述，日本的元应二年（公元一三二〇年）版，永享九年（公元一四三七年）版，延德三年（公元一四九一年）版，宽永四年（公元一六二七年）版、十年版，承应元年（公元一六五二年）版，元禄十二年（公元一六九九年）版等，都是据咸淳版复刻的（秋月氏译注《临济录》，页二五二）。这一系统成为目前最为通行的版本。

与宣和本系统不同的，《四家语录》是另一个版本系统。此本的刊行时间是北宋元丰八年（公元一〇八五年）前，宋本虽不可见，但杨杰在元丰八年所作的《马祖百丈黄檗临济四家录序》尚存。此书现有明万历十七年（公元一五八九年）刊本以及日本庆安元年（公元一六四八年）刊本。作为早于宣和本的《四家语录》本，可能是较为接近《临济录》的原始面貌的。可资印证的，便是写成于北宋景祐三年（公元一〇三六年）的《天圣广灯录》，其卷十、十一所收录的就是《临济录》的内容，与《四家语录》的内容是一致的。而《天圣广灯录》的宋版尚存，柳田圣山所编的《禅学丛书》“唐代资料编”已收录。将《四家语录》《天圣广灯录》系统与宣和本系统比较，在内容的次序和多寡上均有区别。前者开篇是有关临济禅师的《行录》，而后者则是《上堂》，但是，尽管前者可能更接近于《临济录》的原貌，然而仅仅依据《四家语录》和《天圣广灯录》，我们也不太可能将其原貌恢复。所以，本书所采用的仍然是宣和版系统的通行本。

最后需要提及的，是崇祯三年（公元一六三〇年）刊行的《五家语录》本，该书首列“临济宗”，其下收录的就是临济禅师的语录。这是无地地主人郭凝之的重订本，次序上接近于《四家语录》本，但内容上与以上两个系统的版本都有些微的差别。

《临济录》在流传过程中各种版本的差异，并不仅仅是一般意义上的文字和内容的差异，它实际上还反映了临济宗在发展过程中的不同阶段上的不同特色。

注释：

①《高僧传》卷四《竺法雅传》：“雅乃与康法朗等，以经中‘事数’，拟配外书，为生解之例，谓之‘格义’。”这就是用儒家或道家的思想和语汇来比附、解释佛家学说。

②此书见录于《隋书·经籍志》。刘知幾《史通·杂述篇》指出："若刘义庆《世说》、裴荣期《语林》、孔思尚《语录》、阳松玠《谈薮》，此之谓琐言者也。"据此推之，孔思尚《语录》当为笔记小说之类。

③如《朝鲜图书解题·释家类》中就有《禅宗永嘉集谚释》；日本的著作中，仅以《临济录》而言，柳田圣山《临济录抄书集成》中就收载了四种日文的解说本。

④以朝鲜的高丽时代而言，就有李资玄的《禅机语录》、义天的《释苑辞林》、慧谌的《禅门拈颂集》等；至于《大正藏》中所收的日本禅师的语录，更有数十种之多。

⑤韩愈对禅宗的态度和他对佛教的态度似有差别，其《与孟尚书书》及《与大颠师书》中已反映了这一点。

⑥释宗泐《日本国建长寺明禅师语录叙》指出："至宋南度千光禅师荣西者，徕参天童虚庵敞公，得禅学以归。日本之有禅宗，则自西公始。"(《大藏经》第八十册，页九十四）此说可参。

经典

1　上堂

原典

府主[①]王常侍[②]与诸官请师升座[③]，师上堂[④]云："山僧今日事不获已，曲顺人情，方登此座。若约祖宗门[⑤]下，称扬大事[⑥]，直是开口不得[⑦]，无你措足处。山僧此日以常侍坚请，那隐纲宗[⑧]？还有作家[⑨]战将，直下展阵开旗[⑩]么？对众证据[⑪]看。"

僧问："如何是佛法大意[⑫]？"师便喝[⑬]，僧礼拜。

师云："这个师僧，却堪持论。"

问："师唱谁家曲，宗风嗣阿谁？"[⑭]

师云："我在黄檗[⑮]处，三度发问三度被打。"

僧拟议[⑯]，师便喝，随后打，云："不可向虚空里钉橛[⑰]去也。"

有座主[18]问："三乘十二分教[19]，岂不是明佛性[20]？"

师云："荒草不曾锄。"[21]

主云："佛岂赚人也？"

师云："佛在什么处？"主无语。

师云："对常侍前拟瞒老僧，速退！速退！妨他别人请问。"复云："此日法筵为一大事故，更有问话者么？速致问来。你才开口，早勿交涉也。何以如此？不见释尊云：'法离文字，不属因，不在缘故。'[22]为你信不及[23]，所以今日葛藤[24]。恐滞常侍与诸官员，昧他佛性，不如且退。"喝一喝，云："少信根人，终无了日。久立，珍重[25]。"

注释

①**府主：**河北成德府长官，旧注多作河南府，误。

②**王常侍：**常侍为散骑常侍之略称，原为随侍皇帝左右，掌管文书、诏令之官，此指加给地方军阀的头衔。旧注多作沩山灵祐法嗣居士王敬初，误。柳田圣山《临济ノート》推断为成德府节度使王绍懿，未能确定。

③**升座：**登法座而说法商量。

④**上堂：**上法堂而垂示说法，应对问答。此处与升座意同。

⑤**祖宗门**：迦叶、达磨之禅门，实指祖师传来的宗旨。

⑥**大事**：又称一大事因缘，即佛法之根本意。

⑦**开口不得**：禅宗贵体验而不贵言诠，即“如人饮水，冷暖自知”之意。

⑧**纲宗**：禅法之核心、要旨。

⑨**作家**：伶俐机敏的禅僧。

⑩**展阵开旗**：设问难、呈机用之义。

⑪**证据**：分明、确认之意。古德未说法之前先垂语，令学者有疑请问，问以决疑。自“山僧”至此六十八字即为垂语。

⑫**佛法大意**：佛法的究极意、根本意。

⑬**喝**：此临济接引禅机的重要方法之一。《禅林类聚》卷六“棒喝部”：“临济出世后唯以棒喝示徒，凡见僧入门，便喝。”

⑭此借世间之乐曲流派喻禅家之宗旨家风。此僧乃明知故问，为“汾阳十八问”中之“察辨”之问，见《人天眼目》卷二。

⑮**黄檗**：即希运禅师，幼年出家于黄檗山，谒百丈禅师得法，寂于大中四年（公元八五〇年），谥断际。传见《祖堂集》卷十六、《宋高僧传》卷二十、《景德传灯录》卷九。裴休（公元七九一——八六四年）曾编其语录为《传

心法要》。

⑯**拟议：**语出《周易·系辞上》，此取欲言欲动之意。《葛藤语笺》卷四释作“欲言未言”。

⑰**虚空里钉橛：**无实无用之意。此僧欲窥禅宗无门处，却问“宗风嗣阿谁”，恰似向空中钉橛。此唐宋时代的俗谚。

⑱**座主：**禅家对讲授经典之教家的泛称。《释氏要览》卷上：“《摭言》曰：有司谓之座主。今释氏取学解优赡颖拔者名座主，谓一座之主。古高僧呼讲者为高座，或是高座之主。”

⑲**三乘十二分教：**三乘指声闻乘、缘觉乘、菩萨乘。十二分教旧名十二部教，指古来印度佛教经典在内容和形式上的十二种分类，详见《翻译名义集》卷四《十二分教篇》。

⑳**佛性：**指一切众生本具之自性。

㉑**荒草不曾锄：**荒草即心田荒草，喻烦恼，此处指十二分教。座主以十二分教为极则，师乃以此语打破其窠窟，直下明佛性。

㉒此处撮取《楞伽经》和《维摩经》语。

㉓**信不及：**自信不及，即欠少以佛性为自性之精神。

㉔**葛藤：**文字言句，此处指说法。禅家以说事枝蔓不径捷者，谓之葛藤。

㉕**久立，珍重：**礼貌语，言劳大众久立，且去珍重身体。《释氏要览》卷中："释氏相见，将退，即口云珍重，如此方俗云安置也。言珍重，即是嘱云善加保重也。"

译文

（1）河北成德府长官王常侍和诸位官员请临济禅师说法，师登上法堂说道："我今天是出于无奈，勉强顺从世间人情，才登上这法座。如果站在禅的正宗立场上说根本意，简直是无法开口，也没有诸位的立足之处。我今天因为常侍的强烈要求，哪里会隐瞒禅法的要旨？岂有禅将法战，一下就这样摆开阵势、摇旗挑战的吗？试着在众人面前亮亮本事看。"

僧人问："什么是佛法的根本意？"师便一喝，僧人就礼拜。

师说道："这个僧人，倒还是个能谈论的。"

僧人问："老师唱的是哪派曲调，继承的是哪家宗旨？"

师回答说："我在黄檗禅师处，三次提问三次挨打。"

僧人想说些什么，师便一喝，随后就打，说："不要向虚空中打木钉。"

有座主提问："三乘十二分教是释尊一代之教，难道不是说明佛性的吗？”

师说道：“心田里的荒草不曾除。”

座主说：“佛难道会诳骗人吗？”

师说：“佛在什么地方？”座主默默无语。

师说：“在常侍面前还想欺瞒我，快退下！快退下！不要妨碍别人的提问。”又说：“今天的集会为的是究明佛法的根本意，还有问话的人吗？赶快来问。不过诸位只要一开口，就和这佛法根本意没有关系了。为什么这样？没有听释尊说过么：‘法是离文字的，不属于因，也不依附于缘。’只因为你们自信不足，所以我今天才讲了这些无用的话。恐怕令常侍与诸位官员劳累了，蒙昧其佛性，不如暂且退下。”喝了一声，说：“缺少信念的人，终究没有明白的一天。有劳各位久立，多多保重。”

原典

师因一日到河府[1]，府主王常侍请师升座。时麻谷[2]出问：“大悲千手眼[3]，那个是正眼？”

师云：“大悲千手眼，那个是正眼？速道！速道！”[4]麻谷拽师下座，麻谷却坐[5]。

师近前云：“不审！”[6]麻谷拟议，师亦拽麻谷下座，师却坐。麻谷便出去，师便下座。

注释

①**河府：**《四家语录》作“河北府”，旧注解作河南府者，误。

②**麻谷：**蒲州麻谷山禅僧，名氏不详。《联灯会要》卷四、《禅林类聚》心眼部并记作马祖法嗣麻谷宝彻，但宝彻为其前辈。此当为麻谷山第二世。

③**大悲千手眼：**即千手观音，其通身是眼，不分正偏。千手为大悲，千眼为大智的象征。

④觌面呈机，间不容发，此禅家“拳来踢报”“却把枪头倒刺人”之法。

⑤**麻谷却坐：**此宾主互换，以示“真人”无位，转换无碍。

⑥**不审：**问候语。《大宋僧史略》卷上：“比丘相见，曲躬合掌，口云‘不审’者何？此三业归仰也，谓之问讯。”

译文

（2）有一天临济禅师到河北府，当地长官王常侍请师说法。当时麻谷出来问道：“千手千眼的观音菩萨，哪一只是正眼？”

师答道：“千手千眼的观音菩萨，哪一只是正眼？快说！快说！”麻谷把师从法座上拉下来，自己坐了上去。

师走近前说：“您好！”麻谷正想说什么，师也把麻谷拉下法座，自己又坐上去。麻谷便走出门去，师也就走下座来。

原典

上堂，云：“赤肉团①上有一无位真人②，常从汝等诸人面门③出入，未证据者，看！看！”

时有僧出问：“如何是无位真人？”

师下禅床，把住云：“道！道！”其僧拟议，师托开云：“无位真人是什么干屎橛④！”便归方丈⑤。

注释

①**赤肉团：** 肉团心，即心脏之意，亦可解作形骸身体。

②**无位真人：** 指不居诸佛位，亦不居众生位的超越一切限定的自由人，是临济禅的代名词。“真人”原为道家术语，见《庄子·大宗师》及《内经·素问》卷一，与此处含义不同。

③**面门：** 原专指口门，此处泛指眼、耳、鼻、舌、身、意等六根门。

④**干屎橛**：耕云子《临济录摘叶钞》卷二解作“干屎如橛者”，即干硬如棒状的粪便之意，比喻无用的糟粕。旧解多作清理粪便的竹（木）片，误。

⑤**方丈**：住持的寝室。《祖庭事苑》卷六：“今以禅林正寝为方丈，盖取则毗耶离城维摩之室，以一丈之室，能容三万二千师子之座，有不可思议之妙事故也。唐王玄策为使西域，过其居，以手版纵横量之，得十笏，因以为名。”

译文

（3）临济禅师上法堂，说：“在你们的身体里面都有一个无位真人，常常从你们的感觉器官中进进出出，还没有自觉体认到的人，快看！快看！”

当时有一僧人出来问：“什么是无位真人？”

师走下座椅，一把揪住僧人说：“你讲！你讲！”那僧人正想开口，师突然将他放开说：“无位真人是什么干粪棒！”转身就走回自己的居室。

原典

上堂，有僧出礼拜①，师便喝②。僧云：“老和尚莫探头③好。”

师云:“你道落在什么处?”僧便喝④。

又有僧问:“如何是佛法大意?”师便喝,僧礼拜。

师云:“你道好喝也无?”

僧云:“草贼大败。”

师云:“过在什么处?”

僧云:“再犯不容。”师便喝。

是日,两堂首座⑤相见,同时下喝。僧问师:“还有宾主也无?”

师云:“宾主历然。”师云:“大众⑥,要会临济宾主句,问取堂中二首座。”便下座。

注释

①凡上堂,师索话以后禅客发问,此僧不待问而礼拜,大有机用。

②此为探竿影草之喝,含诱引之意。

③**探头:** 勘辨、探测。

④此喝针对师再问而发,含有破其勘测之意。

⑤**两堂首座:** 两堂,前堂与后堂。前堂分座说法,后堂辅赞宗风。此二首座之职。首座,堂内首席者。《大宋僧史略》卷中:“首座之名,即上座也。居席之端,处僧之上,故曰也。”

⑥**大众**：对僧堂中修行的云水僧（行脚僧）的总称。

译文

（4）临济禅师上法堂，有僧人出来向他礼拜，师便喝了一声。僧人说："老和尚不要探测好不好。"

师说："你说刚才一喝落在什么地方？"僧人便也喝了一声。

又有一僧人问："什么是佛法的根本意？"师便喝了一声，僧人遂向师礼拜。

师说："你以为刚才一喝是好喝吗？"

僧人说："小贼大败露。"

师又说："大败的原因何在？"

僧人说："再犯就不容许。"师便喝了一声。

这一天，前堂与后堂的首座互相遇见，同时喝了一声。僧人问师："这两人之间还有主客的差别吗？"

师说："主客之别非常明白。"师又说："众位僧人，要想理会我说的主与客的意味，就问问堂中的两位首座。"便走下法座。

原典

上堂，僧问："如何是佛法大意？"师竖起拂子①，僧便喝[②]，师便打[③]。

又僧问："如何是佛法大意？"师亦竖起拂子，僧便喝，师亦喝[④]。僧拟议，师便打。

师乃云："大众，夫为法者，不避丧身失命。我二十年在黄檗先师处，三度问佛法的的[⑤]大意，三度蒙他赐杖，如蒿枝[⑥]拂着相似。如今更思得一顿棒吃，谁人为我行得？"

时有僧出众云："某甲行得。"师拈棒与他，其僧拟接，师便打。

注释

①**拂子：**原为印度僧人挥赶蚊虫等的用具。《释氏要览》卷中："律云：比丘患草虫，佛听作拂子。"后衍变为一种仪式用的法具。此处师以拂子示僧当反求诸己。

②此一喝含有气吞佛祖之意。

③此一打含有赞赏之意。

④此一喝含有诱引之意，以测其深浅。此僧作为全效前僧，故师乃测之。

⑤**的的：**明白、明确真实之意。

⑥**蒿枝：**蓬草的枝。师昔在黄檗处，虽蒙三顿痛棒，但施棒者是大慈悲心，受棒者则为法忘躯，故觉其轻软

如蒿枝拂着。

译文

（5）临济禅师上法堂，有僧人问："什么是佛法的根本意？"师竖起手中的拂子，僧人便喝了一声，师便打。

又有僧人问："什么是佛法真实的根本意？"师也竖起手中的拂子，僧人便喝了一声，师也喝了一声。僧人还想说些什么，师便打。

师于是说："众位僧人，那些求法的人，不怕丧身失命。我二十年来在黄檗先师的门下，曾三次问佛法的真实大意，三次承蒙他棒打，感觉好像是被蓬草枝轻拂似的。如今还想能再吃一顿棒打，不知哪一位能够向我下手？"

当时有一僧人站出来说："我可以做这事。"师拿过棒来给他，那僧人正要接，师便打。

原典

上堂，僧问："如何是剑刃上事①？"

师云："祸事！祸事！"僧拟议，师便打。

问："只如石室行者②踏碓忘却移脚，向什么处去？"

师云："没溺深泉。"③师乃云："但有来者，不亏欠伊，总识伊来处[4]。若与么[5]来，恰似失却；不与么来，无绳自缚[6]。一切时中，莫乱斟酌，会与不会，都来是错。分明与么道，一任天下人贬剥。久立，珍重！”

注释

①**剑刃上事：**指截断一切知见会解、思虑分别之境。

②**石室行者：**惠能下第五世石室善道禅师。唐武宗会昌法难时还俗，每日在寺中踏碓舂米，僧人呼为石室行者。行者，指方丈之侍者。《禅林象器笺》卷八：“有发而依止僧寺，称为行者。”

③**没溺深泉：**沉没于无心三昧，即所谓“死人禅”。深泉喻本分无心田地。石室行者忘却移脚是进入彻底无心之境，但未能达到真禅定慧一等之三昧。

④**来处：**学禅者自身之立场及所呈之见解。

⑤**与么：**同恁么，即这样或那样之意。唐代俗语。此处指代上文“剑刃上事”及“忘却移脚”的绝对无心之境。

⑥**无绳自缚：**指以某种既成的或拟想的观念自己束缚自己，不得洒脱。“与么来”或“不与么来”，都是有心斟酌分别。

译文

（6）临济禅师上法堂，有僧人问："什么是剑刃上的事？"

师说："惨了！惨了！"僧人想说些什么，师便打。

僧人问："就像石室行者踏碓进入无心之境，忘记了移动脚步，那是向什么地方去了呢？"

师说："那是沉没于深渊之中了。"师于是说："凡是到这儿来问的学人，我从不亏待辜负他，总能识别他问话的底意。如果那么来，恰似失掉了自己；如果不那么来，也是没有绳子而欲自己捆自己。每时每刻，莫要胡乱拣择分别，理解或不理解，都是错误的。我明确这样说，任凭天下人怎样贬低诽谤。有劳各位久立，多多保重！"

原典

上堂，云："一人在孤峰顶上①，无出身之路；一人在十字街头②，亦无向背③。哪个在前？哪个在后？不作维摩诘④，不作傅大士⑤。珍重。"

注释

①**孤峰顶上：**一法不立，至尊无上，是修行所达到

的究极之境。维摩诘之境似之。

②**十字街头：**日常现实的世界。

③**无向背：**无前后、进退、偏正的差别。是在有差别的世界中生出无差别的境界。傅大士之境似之。以上两句揭示正偏互换之境。

④**维摩诘：**梵语 Vimalakīrti 的音译，《维摩经》的主人公，与释迦牟尼同时，是具有高迈悟境的印度居士。

⑤**傅大士：**梁代的居士（公元四九七—五六九年），姓傅名翕，字玄风，号善慧大士，有《语录》三卷，是德业颇高的达道者。

译文

（7）临济禅师上法堂，说："一个人到达了绝对究极的境地，却没有超越世俗的路；一个人在日常现实的世界中，也没有正面和背后的差别。这两者哪个优？哪个劣？不专做维摩诘，也不专做傅大士。多多保重。"

原典

上堂，云："有一人论劫①在途中②，不离家舍③；有一人离家舍，不在途中。那个合受人天④供养？"便下座。

注释

①**劫：**劫为梵语Kalpa的音译，指极久、长远之意。

②**途中：**指现实的、有差别的相对世界，即上节“十字街头”之意。

③**家舍：**指平等的、本分的绝对世界，即上节“孤峰顶上”之意。

④**人天：**地狱、饿鬼、畜生、修罗、人间、天上等六道中的人间界和天上界。

译文

（8）临济禅师上法堂，说：“有一个人长久地走在路途中，却不离他的家舍；有一个人离开了他的家舍，却又不在路途中。这两人哪个该受人间界和天上界的供养？”便走下法座。

原典

上堂①，僧问：“如何是第一句？”

师云：“三要印开朱点侧②，未容拟议主宾分。”

问：“如何是第二句？”

师云：“妙解③岂容无著④问？沤和争负截流机⑤？”

问：“如何是第三句？”

师云：“看取棚头弄傀儡⑥，抽牵都借里头人。”师又云：“一句语须具三玄门⑦，一玄门须具三要，有权⑧有用⑨。汝等诸人作么生会？”下座。

注释

①以下乃自述临济禅的旨趣特征，并以诗句做象征性说明，颇难索解。“三句”大要是临时随机应接，而有三种手段之分，故不可与其他名目一一应对。

②三要印开朱点侧：要即枢要、精要，难以一一区分，代表禅的极则。印，世间印章之印，非佛家心印之印。侧，《景德传灯录》等书作“窄”，音近可通。意谓搭印开扬时，印文侧见。此比下句“三要”才举扬，未涉拟议思维，则宾主已判然而别，是接引上根上智超佛越祖之手段。荐得此者，皆能举一明三，目机铢两。故后文云：“若第一句中荐得，堪与祖佛为师。”

③妙解：文殊的根本智、玄妙智。

④无著：五台山华严寺无著（传见《宋高僧传》卷二十），大历二年（公元七六七年）诣五台山，逢文殊菩萨，其问答具见《祖堂集》《景德传灯录》等书。

⑤沤和争负截流机：沤和，梵语 Upāya 的音译，即

方便之意。《肇论》上《宗本义》云:“适化众生,谓之沤和。”争,怎么。截流机,不立一尘一法向上机用,云门宗谓之“截断众流句”。此句谓有方便言句,亦不辜负向上截流之机,与上句成一意。此接中根学人之手段。故后文云:“第二句中荐得,堪与人天为师。”

⑥**棚头弄傀儡:** 棚头,舞台。傀儡,木偶人。此比喻师家设种种方便,如傀儡师现种种神头鬼面,令学人领悟。此接下根钝人之手段。故后文曰:“第三句中荐得,自救不了。”

⑦**三玄门:** 玄谓幽远深妙,句中无玄,则非活句。此为临济禅的核心,《人天眼目》卷一所载汾阳、慈明颂,对三玄三要有所阐发。古人或分作玄中玄(理)、句中玄(智)、体中玄(行),未必可据。

⑧**权:** 假设机关、随机接物之手段,即禅家所谓方便之意。

⑨**用:** 亦为应机接物之手段,偏于动作,如行棒下喝、拈槌竖拂等。

译文

(9)临济禅师上法堂,有僧人问:“什么是(临济)禅的第一句?”

师说："'三要'之印按在纸上，立刻朱文分明，没有拟想议论的余地，主体与客体已历历在目。"

又问："什么是第二句？"

师说："文殊的绝妙智慧，岂有无著询问的余地？设有方便言句，又怎么会辜负向上截流之机？"

又问："什么是第三句？"

师说："看看舞台上木偶的种种表演，总是幕后人在抽牵驱使。"师又说："'三句'中的一句话必须具有'三玄门'，'三玄门'中的一玄门必须具有'三要'，其中有方便有动作。你们这些人是怎样理解它的？"下法座。

2　示众

原典

师晚参[①]，示众[②]云："有时夺人不夺境，有时夺境不夺人，有时人境俱夺，有时人境俱不夺。"[③]

时有僧[④]问："如何是夺人不夺境？"

师云："煦日发生铺地锦，婴孩垂发白如丝。"[⑤]

僧云："如何是夺境不夺人？"

师云："王令已行天下遍，将军塞外绝烟尘。"[⑥]

僧云："如何是人境两俱夺？"

师云："并、汾[⑦]绝信，独处一方。"

僧云："如何是人境俱不夺？"

师云："王登宝殿，野老讴歌。"[⑧]

师乃云："今时学佛法[⑨]者，且要求真正见解[⑩]。若得真正见解，生死不染，去住自由[11]。不要求殊胜，殊胜自至。道流[12]，只如自古先德，皆有出人底路[13]。如山僧指示人处，只要你不受人惑。要用便用，更莫迟疑。如今学者不得，病在甚处？病在不自信处。你若自信不及，即便茫茫地徇一切境转，被他万境回换，不得自由。你若能歇得念念驰求心，便与祖佛[14]不别。你欲得识祖佛么？只你面前听法底是。学人信不及，便向外驰求。设求得者，皆是文字胜相[15]，终不得他活祖意[16]。莫错，诸禅德[17]。此时不遇，万劫千生轮回三界[18]，徇好境掇去，驴牛肚里生[19]。道流，约山僧见处，与释迦不别。今日多般用处，欠少什么？六道神光[20]，未曾间歇。若能如是见得，只是一生无事人[21]。

注释

①**晚参**：指与早参相对的晚间说法。《祖庭事苑》卷八："禅门诘旦升堂谓之早参，日晡念诵谓之晚参，非时说法谓之小参。"又《敕修百丈清规》卷二："凡集众开示，皆谓之参。古人匡徒，使之朝夕谘扣，无时而不激扬此道，故每晚必参。"

②**示众**：师家向门下修行者垂教示法。

③**有时夺人不夺境……有时人境俱不夺**：此四句

话，后人称作临济四料简，是对不同根器的学人的四种不同的接引方式。人，所对之学人，包括心性、情识等，代表主体者。境，学人所依赖的外在的对象或条件，包括山河大地、文字言句等，代表客体者。后文曰："如诸方学人来，山僧此间作三种根器断。如中下根器来，我便夺其境，而不除其法。或中上根器来，我便境法俱夺。如上上根器来，我便境法人俱不夺。如有出格见解人来，山僧此间便全体作用，不历根器。"可与此节相参。又临济之师黄檗《传心法要》："凡夫取境，道人取心。心境双忘，乃是真法。"《僧宝传》卷三《风穴章》："南院颔之，又问：'汝道四种料简语，料简何法？'对曰：'凡语不滞凡情，即堕圣解，学者大病。先圣哀之，为施方便，如楔出楔。'"亦有助于理解。

④僧，此僧为嗣临济之涿州纸衣和尚克符，传见《景德传灯录》卷十二。

⑤**煦日……如丝：**此上句存境，下句夺人。世间无白发之婴儿，故为夺人。此处的"人"，是指对于"我"（凡情）的执迷。

⑥**王令……烟尘：**王令、将军为人，天下、烟尘为境。天下唯王令是存人，绝烟尘是夺境，故为夺境不夺人。此处的"境"，是指对于"法"（圣解）的执迷。

⑦**并、汾：**二州名，在今山西省。中唐以降，此地

藩镇时时谋反，割据一方。不应朝命，是夺人；二州不顺，则实无二州，是夺境，故为人境俱夺。此针对“我执”“法执”皆严重之学人而言。

⑧**王登宝殿，野老讴歌**：此二句为太平无事之象。王与野老为人，宝殿与讴歌为境，人境宛然，物我一如，是人境俱不夺。此针对上上根器，无“我执”“法执”之学人而言。

⑨**佛法**：此处指见性成佛之法，即禅。

⑩**真正见解**：佛法之正见。旧题达磨《悟性论》：“无见之见，乃名真见；无解之解，乃名真解。”

⑪**自由**：主体的随心所欲，不受任何外在束缚的精神状态。此初期禅宗史的独特术语，在《楞伽师资记》《坛经》中随处可见。百丈曰：“要生即生，要死即死，去住自由，这个人有自由分。”

⑫**道流**：即修道者流，禅流，是对一同学道之人的称呼。

⑬**出人底路**：指前辈救拔学人的种种方便与手段，亦称“出身的活路”。

⑭**祖佛**：祖师之佛，与佛祖有别。唐代祖师禅的常用术语。

⑮**文字胜相**：指经录中佛祖奇言妙句之优胜相。

⑯**活祖意**：指达磨以下直指单传，不立文字，见性

成佛，活泼泼之祖师意。

⑰**诸禅德**：对听法大众的称呼语，与道流、学道流、大德、善知识等说法相同。

⑱**三界**：欲界、色界、无色界，此乃迷妄之有情在生灭变化中所依存的世界。

⑲**驴牛肚里生**：意谓变为畜生，受鞭挞负重之苦。《法华经·譬喻品》云："或生驴中，身常负重，加诸杖捶，但念水草，余无所知。"

⑳**六道神光**：指眼、耳、鼻、舌、身、意六根上之色、声、香、味、触、法之妙用，又称六般妙用。

㉑**无事人**：本来的自我，大自在、大洒脱之无位真人。《传心法要》："销融表里，情尽都无依执，是无事人。"《联灯会要》卷七沩山祐禅师曰："若无如许多恶觉、情见、想习之事，譬如秋水澄渟，清净无为，澹泞无碍，唤他作道人，亦名无事人。"

译文

（1）临济禅师晚间说法，对门下修行者说："我有时夺人不夺境，有时夺境不夺人，有时人和境一起夺，有时人和境都不夺。"

当时有僧人问道："什么是夺人不夺境？"

师回答说：“春阳普照遍地锦绣，婴儿垂发雪白如丝。”

僧人问：“什么是夺境不夺人？”

师说：“王令已行天下太平，将军守边无战火烟尘。”

僧人问：“什么是人和境一起夺？”

师说：“并州和汾州违背朝廷，割据一方不应朝命。”

僧人问：“什么是人和境都不夺？”

师说：“国王高坐宝殿上，田夫野老歌太平。”

师于是说：“现在学习佛法的人，首先要寻求的是真正的见解。若能得到佛法正见，就可不受生死污染，生死皆得自由。不想求得殊特胜妙之境，此境自会出现。诸位学道人，就拿过去的先辈祖师来说，他们都有引导人们走出迷乱的手段。现在我要指示大家的话，只是要你们不受他人的诳惑。你们要用我的话就用，再莫进退迟疑。现在的学道者于此道无所得，病根在什么地方？病根就在不自信处。你们如果自信不足，于是就茫茫然地跟随着一切外在环境的转变而转变，那将被所有的外境翻弄转换，得不到自由。你们若能切断念念向外驰求之心，就能与祖佛没有差别。你们想要认识祖佛吗？就现在在我面前听说法的你们便是活佛活祖。学道人自信不足，便向外一味追求。假设能够求到，也都是佛祖所说的文字胜妙之相，终究得不到活泼泼的祖师意。别错啦，诸位修行者。今生不得遇见佛法，就将永远在这三界中轮回，循着所喜好的六尘之境而去，终究会从驴牛肚子里生出来。诸位学道人，就我的看法而言，自我与释迦牟尼佛没有差别。现在有那么多种的妙用，还欠少什么？六根之用化出的灵妙之光，从来也未曾间歇。若能获得像这样的见地，正是一生洒脱安乐的人。

原典

“大德[①]，三界无安，犹如火宅。[②]此不是你久停住处，无常杀鬼，一刹那间，不拣贵贱老少。你要与祖佛不别，但莫外求。你一念心上清净光，是你屋里[③]法身佛；你一念心上无分别光，是你屋里报身佛；你一念心上无差别光，是你屋里化身佛。此三种身[④]，是你即今目前听法底人。只为不向外驰求，有此功用。据经论家[⑤]，取三种身为极则。约山僧见处不然，此三种身是名言，亦是三种依[⑥]。古人云：‘身依义立，土据体论。’[⑦]法性身，法性土，明知是光影[⑧]。

“大德，你且识取弄光影底人，是诸佛之本源[⑨]，是一切道流归舍处[⑩]。是你四大色身，不解说法听法；脾胃肝胆，不解说法听法；虚空不解说法听法。是什么解说法听法？是你目前历历底，勿一个形段孤明，是这个解说法听法。若如是见得，便与祖佛不别。但一切时中，更莫间断，触目皆是。只为情生智隔，想变体殊[11]，所以轮回三界，受种种苦。若约山僧见处，无不甚深，无不解脱。

“道流，心法[12]无形，通贯十方。在眼曰见，在耳曰闻，在鼻嗅香，在口谈论，在手执捉，在足运奔。[13]本是一精明，分为六和合。[14]一心既无，随处解脱。山僧与么说，意在什么处？只为道流一切驰求心不能歇，上他古人闲机境[15]。

“道流，取山僧见处，坐断报化佛头，十地[16]满心，犹如客作儿[17]，等妙二觉[18]，担枷锁汉[19]，罗汉辟支[20]，犹如厕秽，菩提涅槃[21]，如系驴橛。何以如此？只为道流不达三祇劫[22]空，所以有此障碍。若是真正道人，终不如是。但能随缘消旧业[23]，任运[24]着衣裳，要行即行，要坐即坐，无一念心希求佛果。缘何如此？古人云：‘若欲作业[25]求佛，佛是生死大兆。’[26]

注释

①**大德**：对僧中贤彦的称呼，见《大宋僧史略》卷下。

②此句出于《法华经·譬喻品》。火喻生老病死、忧悲苦恼之逼迫。

③**屋里**：指色身自性中，与“外求”相反而言。此下说明佛之三身为人本自具有。

④**三种身**：即上文法身、报身、化身。法身为本有之自性，报身为自性圆满之智相，化身为自性之应用。《坛经·机缘品》：“三身者，清净法身，汝之性也；圆满报身，汝之智也；千百亿化身，汝之行也。若离本性，别说三身，即名有身无智。”

⑤**经论家**：指禅宗以外的讲经说论的教宗之人。

⑥**三种依**：指三身所依附处，非三身之本体。

⑦此撮取慈恩大师窥基《大乘法苑义林章》语意。

⑧**光影**：如影映光，谓非其实体。

⑨**诸佛之本源**：即自性。《坛经·顿渐品》：“吾有一物，无头无尾，无名无字，无背无面，诸人还识否？神会出曰：是诸佛之本源，神会之佛性。”

⑩此句原本作“一切处是道流归舍处”，疑有误。兹据《宗镜录》卷九十八、《景德传灯录》卷十二改。

⑪此语出于李通玄《新华严经论序》，亦见于黄檗《传心法要》。意谓妄情和乱想会乖隔智慧和本体。

⑫**心法**：与教法相对而言。被称为心的“法”(存在)是无形的，即上文“勿一个形段孤明”之意。黄檗《宛陵录》：“达磨从西天来，唯传一心法。”

⑬以上六句出于达磨之徒波罗提尊者之偈语，见《景

德传灯录》卷三。

⑭《传心法要》:“同是一精明,分为六和合。一精明者,一心也;六和合者,六根也。”盖本于《首楞严经》卷六:“元依一精明,分为六和合。”即从一心展开六根、六识、六境。

⑮**古人闲机境:**指佛经话语、公案祖录等接引学人之一机一境皆方便手段,故云闲。后人也有称作“葛藤”者。

⑯**十地:**华严宗将菩萨修行阶段分五十二位,第四十一至五十位是完成十地菩萨修行者。

⑰**客作儿:**对贫穷下贱者的称呼。吴曾《能改斋漫录》卷二:“江西俚俗骂人,有曰‘客作儿’。凡言客作儿者,庸夫也。”《法华经·信解品》称“客作贱人”。

⑱**等妙二觉:**进入等觉、妙觉之佛位的人,在第五十一、五十二位。

⑲**担枷锁汉:**即囚犯。

⑳**罗汉辟支:**小乘中最高境界之人。(阿)罗汉,梵语 Arhat 的音译。辟支,梵语 Pratyeka-buddha 的音译,亦称缘觉、独觉。

㉑**菩提涅槃:**此佛教之理想境界。菩提,梵语 Bodhi 的音译,意译为道。涅槃,梵语 Nirvāṇa 的音译,即不生不灭之境。学人若以此为极致,则反被束缚,故临济禅

师喻为如系驴之木橛，使驴终日顺绕逆绕，不得自在。

㉒**三祇劫**：达到成佛所需要的无数时间。

㉓**随缘消旧业**：谓触缘消除旧时习气之业性。此语出于《传心法要》："随缘消旧业，更莫造新殃。"

㉔**任运**：自得无为、天真自在之意。或作任运自在，为早期禅宗典籍中特有的术语。

㉕**作业**：起心造作、希求计度之意，即指"驰求心"不能歇者。

㉖此梁代宝志和尚《大乘赞》中语，《景德传灯录》卷二十九下句作"业是生死大兆"。

译文

"诸位学道人，三界不得安宁，犹如家中起火。这里不是你们长久停留的居住处，无常的杀人鬼，一刹那间，不管是贵是贱，是老是少，都夺走其生命。你们要想和祖佛一样，只是莫要向外追求。你们一想到本心具有的清净光，就是你们自身的法身佛；你们一想到本心具有的无分别光，就是你们自身的报身佛；你们一想到本心具有的无差别光，就是你们自身的化身佛。这三种佛身，就是现在我眼前听法的你们。只是因为不向外一意追求，所以有这三身的功力妙用。据经论家的说法，把三种佛身作为最高的法则。照我的看法则不然，这三种佛身是假名言句，也是三种依附物。古人说：‘佛身依赖义相教理而成立，佛国土根据法性自体而设定。’称法性的佛身，法性的佛国土，明显可知这是虚幻如影。

“诸位修道人，你们必须认识使它虚幻闪烁的人，这是诸佛的本源，是一切学道人的最终回归处。所以你们的肉体之身，不懂得说法听法；你们的五脏六腑，不懂得说法听法；甚至虚空也不懂得说法听法。那是什么懂得说法听法呢？是现在我眼前历历分明的你们的自性，没有任何形状体段的独照之心，就是这个懂得说法听法。若是能有这样的见解，你们便能与祖佛没有什么差别。只是从早到晚，再莫要间断，就能触目皆是自性。只因为生出妄情乖隔智慧，思想变乱，其体殊异，所以轮回于三界之中，受种种辛苦。若是就我的看法而言，没有一物不是深奥不可思议，没有一处不是解脱大海。

“诸位学道人，心法没有任何形状，却能贯通十方世界。在眼称之为见，在耳称之为闻，在鼻可以嗅香，在口可以谈论，在手可以执捉把握，在脚可以运动奔跑。本来是精明的一心，展开为六种感觉器官的作用。若是明白这根本的一心已是空无，则随处可得解脱。我这样说，意图在哪里呢？就是因为学道人的种种向外追求之心不得停止，在古人经录语句中迷信执着。

“诸位学道人，依照我的见解，坐断报身佛和化身佛的头，成就十地修行者也犹如奴仆佣人，体悟了等觉、妙觉的人犹如狱中囚犯，罗汉、辟支佛就像粪尿污秽，菩提、涅槃恰似系驴马桩。我为什么能如此看？只是因为诸位学道人不能彻悟菩萨修行的无限时间为空，所以有佛见法见的障碍。若是真正的学道人，终究不会这样。只要能够随所遇之缘消除宿业，自由自在地穿着衣裳，要走就走，要坐就坐，没有一时一刻想着要求得佛果。为什么这样？古人说：‘若想要谋划算计求做佛，佛就是生死轮回大征兆。’

原典

“大德①，时光可惜，只拟傍家②波波地③学禅学道，认名认句，求佛求祖，求善知识意度④。莫错，道流。你只有一个父母⑤，更求何物？你自返照⑥看。古人云：‘演若达多失却头，求心歇处即无事。’⑦大德，且要平常⑧，莫作模样。有一般不识好恶秃奴⑨，便即见神见鬼⑩，指东划西⑪，好晴好雨⑫，如是之流，尽须抵债，向阎老前吞热铁丸⑬有日。好人家⑭男女⑮，被这一般野狐精魅⑯所着，便即捏怪。瞎屡生，索饭钱有日在⑰。”

注释

①**大德**：《翻译名义集》卷一："佛言：从今以后，小下苾刍，于长宿处，应唤大德。"此处是对修行者的尊称。

②**傍家**：犹言他家，非真正宗家。此处指离开正途，走上岔道。

③**波波地**：匆匆忙忙地奔波之状。

④以上数句皆斥向外驰求，受人之惑。

⑤**父母**：诸佛之父母，即自己的本来面目，亦称主人公。

⑥**返照**：即返求自己的本来面目。《圆觉经略钞》卷六："宗密云：禅家返照者，即是以他始觉照我本觉，故云返也。"

⑦此古德以《首楞严经》卷四故事说偈。演若达多（Yajñadatta）晨起以镜照面，爱镜中人眉目美好，遂嗔责自己的头看不见自己的面目，自以为是魑魅，故无形无像，意念迷乱，向外奔走。此比喻上文波波地驰心外求者，若能求心歇，则为平常无事之人。

⑧**平常**：犹言无事，即马祖"平常心是道"之意。

⑨**秃奴**：唐代骂人语。僧剃头，若外相非俗，心行非僧，则谓之秃奴。

⑩**见神见鬼**：此谓时而若见神，时而若见鬼，为魔所昧。

⑪**指东划西**：此谓指东指西，内心不安。

⑫**好晴好雨**：此谓时而好晴恶雨，时而恶晴好雨，无真正见解。

⑬此指在地狱中所受惩罚。《中阿含经》卷十二："灰河两岸有地狱卒……以热铁钳钳开其口，以热铁丸洞然俱炽着其口中。"

⑭**好人家**：谓平常无事、具清净自性之人。

⑮**男女**：唐代俗语，指子女，此处指修行的僧人。

⑯**野狐精魅**：指以种种怪异之相迷惑人之邪师。

⑰此句谓阎罗王向此秃奴索要饭钱的日子一定会来到。

译文

"诸位学道人，时光非常宝贵，你们只想在邪道上忙颠颠地学禅学道，执于佛名，执于经句，求佛求祖，求师家推量并臆测之。莫要错了，诸位学道人。你们只有一个主人公，还需要求什么东西？你们自己返照看去。古人说：'演若达多失去了自己的头，停止外求心便安然无事。'诸位学道人，必须平常无事，切莫装模作样。世间有一帮不识好歹的恶秃奴，于是就忽而见神忽而见鬼，手指头东指西戳，一会好晴一会喜雨，像这种人，都必须偿还罪债，终有到地狱中阎王老子面前吞热铁丸的一天。好人家的子女，都被这一帮野狐狸精所迷惑，于是就做出许多怪异之事。愚蠢的家伙，阎罗王向你收取饭钱的日子快到了。”

原典

示众云：“我有时先照①后用②，有时先用后照，有时照用同时，有时照用不同时。先照后用，有人在；先用后照，有法在；照用同时，驱耕夫之牛，夺饥人之食，敲骨取髓，痛下针锥；照用不同时，有问有答，立宾立主，合水和泥，应机接物。若是过量人③，向未举以前，撩起便行，犹较些子。”④

注释

①**照**：照鉴、勘验学人之态度、立场。

②**用**：机用，师家对学人拈槌竖拂、或棒或喝，皆谓之用。照用乃棒喝商量专用之，凭时临机，有先、后、同时、不同时之差别，故分为四照用。先照后用，接中根之手段；先用后照，接上根之手段；照用同时，接上

上根之手段；照用不同时，接下根手段。

③**过量人：**谓出类拔萃之人。

④此段为“临济四照用”。原本无此文，入矢义高氏译注《临济录》据明版《古尊宿语录》增补，兹从之。此文亦见于《五灯会元》卷十一及《人天眼目》卷一。

译文

（2）临济禅师对门下的修行者说：“我有时先照后用，有时先用后照，有时照与用同时，有时照与用不同时。在先照后用的场合，有作为作用的人存在；在先用后照的场合，有作为作用的法存在；在照与用同时的场合，驱赶耕夫的耕牛，夺走饿汉的食物，敲碎修行者的骨以取其髓，狠狠地用针锥刺他；在照用不同时的场合，有提问有回答，迎接宾客应对主人，同对方一起和合于泥水之中，根据对象的不同采取相应的手段。若是遇到出类拔萃的人，在他还没有提问以前，撩起衣服就走，尚且还稍微多了一些。”

原典

师示众云：“道流，切要求取真正见解，向天下横行，免被这一般精魅惑乱。无事是贵人①，但莫造作②，只是平常。你拟向外傍家求过，觅脚手[3]，错了也。只拟求佛，佛是名句。你还识驰求底么？三世[4]十方[5]佛祖出来，也只为求法。如今参学道流，也只为求法。得法，始了；未得，依前轮回五道[6]。云何是法？法者是心法。心法无形，通贯十方，目前现用。人信不及，便乃认名认句，向文字中求意度[7]佛法，天地悬殊[8]。

"道流，山僧说法，说什么法？说心地法[9]。便能入凡入圣，入净入秽，入真入俗。要且不是你[10]真俗凡圣，能与一切真俗凡圣安着名字[11]。真俗凡圣，与此人[12]安着名字不得。道流，把得便用，更不着名字，号之为玄旨[13]。山僧说法与天下人别。只如有个文殊、普贤[14]出来目前，各现一身问法，才道咨和尚，我早辨了也[15]。老僧稳坐，更有道流来相见时，我尽辨了也。何以如此？只为我见处别[16]，外不取凡圣，内不住根本，见彻[17]更不疑谬。"

注释

①**无事是贵人**：《宝藏论》："唯道无事，古今常贵。唯道无心，万物圆备。"《宗镜录》卷三十九释曰："夫有事则为相所局，无事则心地坦然，乃古今同贵矣。"一切时中无事无为，安于自性本然，即超佛越祖之境界，故

曰贵人。

②**造作**：指为达到某种目的而计较驰求。与前文“作业”同。

③**觅脚手**：寻觅他人的手脚帮助，指向外求理路、求名句，不向内求自性。亦可解作向外寻觅自家手脚、自己面目，故求得者皆是闲名句。

④**三世**：指过去、现在、未来世。

⑤**十方**：指东、西、南、北四方，东南、西南、东北、西北四隅以及上、下两方。

⑥**五道**：指地狱、饿鬼、畜生、人间、天上，加上修罗为六道或六趣，义同。

⑦**意度**：思量计度。

⑧**天地悬殊**：此出于三祖《信心铭》：“毫厘有差，天地悬隔。”

⑨**心地法**：心为万法之根源，如大地滋生万物，故曰心地法。见《心地观经》卷八《观心品》。此处指见性成佛之法。

⑩**你**：即指真俗凡圣，与“是你即今目前听法底人”为同一句型。

⑪此心法有观察之智，故能分别真俗凡圣，安着其名字。《宗镜录》卷二十八：“《毗婆沙论》云：心能为一切法作名，若无心，则无一切名字。”

⑫**此人：**指体悟得心地法之人。

⑬**玄旨：**玄奥之宗旨。《信心铭》："不识玄旨，徒劳念静。"

⑭**文殊、普贤：**大乘佛教所说的理想人格。文殊是智、慧的象征，普贤是理、定的象征。

⑮此即前文"但有来者，不亏欠伊"之意。

⑯愚人外执着凡圣相，智者内住在根本理，所谓"见处别"者，乃在外不取凡圣，内不住根本。

⑰**见彻：**即大悟彻证。《联灯会要》《正法眼藏》此下多"本法"二字。

译文

（3）临济禅师对门下的修行者说："诸位学道人，你们一定要获取真正见解，以便向天下阔步横行，免得被这一帮野狐禅师所惑乱。不被任何事物所牵累的是高贵的人，切莫要计较驰求，只是这样平常自然。你们想要向外面的旁门邪道求得帮助，这就大错特错啦。你们想要求佛，佛不过是个名字言句。你们还认识真正驰求的人是谁吗？佛陀和祖师在过去、现在和将来的十方世界中出现，也只是为了求得正法。而如今修行的众位学道人，也只是为了求得正法。得到了法，任务便终了；

未得到法，照旧在生存的五道中轮回。那么什么是法呢？所谓法指的就是心法。心法没有任何形状，却能贯通十方世界，其种种活动就在我们眼前显现作用。只是人们自信不足，于是就执着于佛法的名称言句，想从语言文字中推求佛法，其实两者相差有天地之别。

“诸位学道人，我所说的法，试想说的是什么法？说的是心地法。有这个心，就能入凡世界入圣世界，入净土入秽土，入真实世界入凡俗世界。总之心法不是你们那个真俗凡圣，却能够给一切的真俗凡圣命名。一切的真俗凡圣，无从给体悟得心地法的人命名。诸位学道人，把握了这个心就自由地运用，再不必为之命名，这就叫作神秘的奥旨。我所说的法与世间流行的不同。假如文殊和普贤站在我面前，各自现出一身来问法，才说拜访和尚，我早就看透他们的心思了。我在此平常静坐时，再有学道人来此相见，我全能一眼将他们心思看穿。为什么能这样？只因为我的见解与其他人不同，外不执着于凡圣之相，内不沉溺于根源本性，看透以后就再不疑虑。”

原典

师示众云：“道流，佛法无用功处[①]，只是平常无事，屙屎送尿，着衣吃饭，困来即卧。愚人笑我，智乃知焉。[②]古人云：‘向外作功夫[③]，总是痴顽汉。’[④]你且随处作主，立处皆真[⑤]，境来，回换不得。纵有从来习气[⑥]，五无间业[⑦]，自为解脱大海。今时学者，总不识法，犹如触鼻羊[⑧]，逢着物安在口里。奴郎不辨，宾主不分。如是之流，邪心入道[⑨]，闹处[⑩]即入。不得名为真出家人，正是真俗家人。夫出家者，须辨得平常[⑪]真正见解，辨佛辨魔，辨真辨伪，辨凡辨圣。若如是辨得，名真出家；若魔佛不辨，正是出一家入一家[⑫]，唤作造业众生，未得名为真出家。只如今有一个佛魔[⑬]，同体不分，如水乳合，鹅王吃乳[⑭]。如明眼道流，魔佛俱打。你若爱圣憎凡，生死海里浮沉。[⑮]”

注释

①**无用功处：**即无修行造作之法，此禅宗教外之说，本自天然，不假雕琢之功。下文即具体说明。

②此句出自南岳懒瓒禅师《乐道歌》：“饥来吃饭，困来即眠。愚人笑我，智乃知焉。不是痴钝，本体如然。”见《景德传灯录》卷三十。

③**功夫：**即思维。又《正修论》曰：“功夫者何？禅定也。”

④此亦懒瓒禅师歌中语，同上。“作”，《景德传灯录》作“觅”。

⑤此用僧肇语意。《肇论》卷上《不真空论》：“世尊不动真际，为着法立处，非离真而立处，立处即真也。”

⑥**习气**：本指包香纸有薰气，此指烦恼恶业等余习。

⑦**五无间业**：指堕于无间地狱中的五大逆罪。《楞伽经》卷三：“云何五无间业？谓杀父、母及害罗汉、破坏众僧、恶心出佛身血。”

⑧**触鼻羊**：羊食物时，凡触鼻端即安在口中，故曰触鼻羊。比喻不辨真伪者。

⑨**邪心入道**：指为衣食或名利而出家之类。

⑩**闹处**：繁华热闹之处。此处指师家门庭繁闹之处。

⑪**平常**：即上文“平常无事”之意。

⑫**出一家入一家**：此谓身虽出家，心实愚蒙，与在家全同，真俗不分。

⑬**佛魔**：此处指佛与魔。另一意指叫作佛的魔。

⑭**鹅王吃乳**：《正法念处经》卷六十四：“譬如水乳同置一器，鹅王饮之，但饮乳汁，其水犹存。”此处以乳、水分比佛、魔，鹅王比真正见解人。谓真正见解人能辨别佛魔，非触鼻羊之类。

⑮此宝志和尚《大乘赞》之辞，见《景德传灯录》卷二十九。其中“你”作“更”，“浮沉”作“沉浮”。三

祖《信心铭》曰："至道无难，唯嫌拣择。但莫憎爱，洞然明白。"亦为此意。

译文

（4）临济禅师对门下的修行者说："诸位学道人，佛法没有修行造作处，也就是平常无为无事，屙屎撒尿，穿衣吃饭，疲倦了就睡觉。愚蠢的人笑话我，唯有智者才懂得。古人说：'向外造作思维者，总是痴愚顽钝汉。'你们且要在一切处做主宰，站立处皆真实，无论什么六尘外境来，都无法回转改换你们的立场。这样的话，即使有过去的烦恼余习，或者有无间地狱中的五大逆罪，也自然是解脱大海。如今的学道人，总是不能辨别正法和邪法，就好像是只触鼻羊，只要鼻子碰到的东西就送进口中。奴仆和郎主不能辨别，宾客和主人也不能区分。像这一帮家伙，最初就是为了衣食名利而求法入道，所以哪儿热闹就钻向哪儿。这些人不得称之为真正的出家人，恰恰是真正的俗家人。所谓出家者，首先必须明白平常无事的真正见解，辨别佛与魔，辨别真与伪，辨别凡与圣。如果能这样辨别明白的话，就可称为真出家；若是魔与佛不辨，正是出了一家又入另一家，被称作造地狱业之众生，不能名为真出家。假如现在有一个佛与魔，同为一体，不可分离，如水乳交融，此时鹅王就能专吃乳汁。若是具有明眼的学道人，则更可将魔与佛都排遣超越。你们若是爱圣憎凡，就会在生死苦海中浮沉。”

原典

问："如何是佛魔？"

师云："你一念心疑处是个魔[①]。你若达得万法无生，心如幻化，更无一尘一法，处处清净是佛。然佛与魔，是染净二境[②]。约山僧见处，无佛无众生[③]，无古无今[④]，得者便得，不历时节。[⑤]无修无证，无得无失。一切时中，更无别法。[⑥]设有一法过此者，我说如梦如化。[⑦]山僧所说皆是[⑧]。

"道流，即今目前孤明历历的听者，此人[⑨]处处不滞，通贯十方，三界自在，入一切境差别，不能回换。[⑩]一刹那间，透入法界，逢佛说佛[⑪]，逢祖说祖，逢罗汉说罗汉，逢饿鬼说饿鬼，向一切处，游履国土，教化众生，未曾离一念[⑫]。随处清净，光透十方，万法一如[⑬]。

"道流，大丈夫儿，今日方知本来无事。只为你信不及，念念驰求，舍头觅头[⑭]，自不能歇。如圆顿菩萨[⑮]，入法界现身，向净土中，厌凡忻圣。如此之流，取舍未忘，染净心在。如禅宗见解，又且不然。直是现今，更无时节[16]。山僧说处，皆是一期药病相治[17]，总无实法。若如是见得，是真出家，日消[18]万两黄金。

"道流，莫取次[19]被诸方老师[20]印，破面门，道我解禅解道，辩似悬河，皆是造地狱业。若是真正学道人，不求世间过[21]，切急要求真正见解，若达真正见解圆明，方始了毕。"

注释

①《传心法要》:"学道人一念计生死，即落魔道。"当为此文所本。又"个魔",《古尊宿语录》卷四作"佛魔"，意为叫作佛的魔。

②**染净二境**：佛为清净境，魔为污染境。

③《宛陵录》:"佛与众生，皆不可得。"与此意同。

④宗密《禅源诸诠集都序》卷上之二："平等法界，无佛无众生。"又《维摩诘经》卷六《不思议品》："但有文字数，故说有三世，非谓菩提有古来今。"后者即无古无今之意。

⑤无古无今，故一喝一棒下，即可成佛作祖，不历三祇劫等。玄觉《永嘉证道歌》:"一超直入如来地。"

⑥旧题达磨《血脉论》:"(此心)无圣无凡，亦无佛，亦无众生，亦无修证，亦无因果。"凡修证、得失皆历时

节，唯识取真心、自性，则十二时中打成一片，无他法可求。

⑦此句见《摩诃般若波罗蜜经》卷八，亦禅籍中常见语，如《百丈广录》、《禅源诸诠集都序》卷上之二、《景德传灯录》卷四《牛头智岩禅师章》、《宗镜录》卷九十等。

⑧**皆是：**皆如是，即所谈者皆如上所说。此“是”非是非之“是”。

⑨**此人：**即上文“目前孤明历历的听者”，即眼前听法的人，是获取自家本来面目的人，故能通贯自在。

⑩言此人虽入六尘差别境，而外境不得转此人。“境差别”，《联灯会要》作“差别境”。

⑪一念之间透入四圣六凡十法界，应以佛身得度者，则现佛身而为说法。下文准此。佛祖对上根言，罗汉对中根言，饿鬼对下根言。

⑫**未曾离一念：**此心湛明，虽应万境而无应相，故能游履一切处而无碍。

⑬**万法一如：**《信心铭》：“心若不异，万法一如。”

⑭**舍头觅头：**即前文演若达多的故事。

⑮**圆顿菩萨：**顿悟圆修菩萨，即大乘修行上智利根之最高位者，其下更不足论。

⑯依禅宗之见，则无凡无圣，无染无净，自然无厌无忻，无取无舍，得者便得，无历时节。

⑰**药病相治：**病人服药病除，药乃治病；病除则舍药，如病治药，故云“相治”。此以师“说处”比喻为药，以诸人迷惑比喻为病。迷去惑解，则总无实法。

⑱**消：**即消用、消受之意，此谓出家人受金钱供养。《永嘉证道歌》：“四事供养敢辞劳，万两黄金亦销得。”为此文所本。又《百丈广录》亦有“这个人日食万两黄金，亦能消得”之语。

⑲**取次：**随便、任意。

⑳**诸方老师：**指恶知识。

㉑《六祖坛经》偈曰：“若真修道人，不见世间过。若见他人非，自非却是左。”为此文所本。恶知识辩似悬河，即是是非也间。

译文

（5）有人问：“什么是佛与魔？”

临济禅师回答说：“你一念起疑心之处就是魔。你们若是能明了万事万物都不生起，心也空幻无物，世界上再无一尘一法，处处清净虚空，这就是佛。那么佛与魔，也不过是清净和污染的相对二境。按照我的看法，没有佛也没有众生，没有古也没有今，得到者就得到了，不必经历三祇劫的漫长修行时间。不必修行，亦无证悟，无所得也无所失。从早到晚，除此之外再没有别的法。假若有什么法是胜过这个的，那我讲的也如梦如幻。我所要说的就是以上这些。

“诸位学道人，就是现在我面前的光明独照、历历分明的听法者，此人在任何场合都不停滞，通贯于十方世界，在三界中自由自在，进入任何有差别的境地，都不会受到影响。在一刹那间，便透入大千世界中，见到佛就说佛的话，见到祖就说祖的话，见到罗汉就说罗汉的话，见到饿鬼就说饿鬼的话，转向于一切场所中，游行步履于一切世界中，教化一切众生，但却没有离开最初的一念。所到之处皆清净，光明透彻十方世界，一切万法皆平等如一。

“诸位学道人、大丈夫们，今天才知道有本来无事的人。遗憾的是你们自信不足，念念向外追求，看不见自己的头而向外寻觅他人的头，自己还不能休止。像大乘修行最高的圆顿菩萨，在大千世界中随意现身，却向净土之中，厌弃凡身，希求佛位。像这一帮家伙，取舍之心还未忘记，污染、清净的区别之念尚有残存。若是禅宗的见解，则又有所不同。就是现在这样，再不需要三祇劫的修行时间了。我所说的这些话，都是就一时的病开出的药，终究没有实在的法。若是能获得这样的看法，就是真正的出家，每天可以消受万两黄金的供养。

“诸位学道人，莫要随便被四方的恶知识老师印可，破坏了本来面目，自称我懂得禅懂得道，辩论起来口若悬河，这都是到地狱去的恶业。若是真正的学佛道的人，不会去争辩世间他人的是非，一心迫切追求真正的见解，若能通达真正的见解如满月明辉，方才能说完成了参学之事。”

原典

问：“如何是真正的见解？”

师云：“你但一切[1]入凡入圣，入染入净，入诸佛国土，入弥勒楼阁[2]，入毗卢遮那法界[3]，处处皆现国土，成住坏空[4]。佛出于世，转大法轮，却入涅槃[5]，不见有去来相貌。求其生死，了不可得。便入无生法界[6]，处处游履国土，入华藏世界[7]，尽见诸法空相，皆无实法。唯有听法无依道人[8]，是诸佛之母[9]，所以佛从无依生。若悟无依，佛亦无得。若如是见得者，是真正见解。学人不了，为执名句，被他凡圣名碍，所以障其道眼，不得分明。只如十二分教，皆是表显[10]之说。学者不会，便向表显名句上生解。皆是依倚，落在因果，未免三界生死[11]。你若欲得生死去住脱着自由，即今识取听法底人[12]，无形无相，无根无本，无住处，活泼泼地[13]，应是[14]万种施设[15]，用处只是无处[16]。所以觅着转远，求之转乖，号之为秘密[17]。

“道流，你莫认着个梦幻伴子[18]，迟晚中间，便归无常。你向此世界中觅个什么物作解脱？觅取一口饭吃，补毳过时[19]，且要访寻知识，莫因循逐乐。光阴可惜，念念无常，粗则被地水火风，细则被生住异灭[20]四相所逼。道流，今时且要识取四种无相境，免被境摆扑[21]。”

注释

①**一切：**一切处、一切时之意。以下所述，多以《华严经·入法界品》为据。

②**弥勒楼阁：**弥勒为兜率天说法之佛，楼阁为大智、大悲之象征。善财童子访善知识，过五十余城，末后到此楼阁，门关闭不开。弥勒弹指，则门开而入。详见《华严经》卷七十九《入法界品》。

③**毗卢遮那法界：**毗即遍，卢遮那即光明照意。总为光明遍照意，指华严世界本尊法身如来所居之土。

④**成住坏空：**成立、住止、破坏、空无之四相，连环无尽，指世界生灭变化的周期。

⑤此处指释迦牟尼八相成道，而以出世、转法轮（说法）、入涅槃（死）为代表。却，俗语“后”之意，亦称“却

后”。

⑥**无生法界**：无生无灭之真理世界，即一心理法界。

⑦**华藏世界**：莲华藏世界之略称，毗卢遮那佛所住之清净庄严世界。详见《华严经》卷八《华藏世界品》。《古尊宿语录》作“华严世界”。

⑧**无依道人**：指不倚一尘一法，独脱自在，绝对自由的主体。

⑨**诸佛之母**：即般若。《宗镜录》卷九十八举太原禅师语："无依是佛母，佛从无处生。"

⑩**表显**：表示显露之意，即指上文“名句”，非真实者。

⑪旧题达磨《血脉论》："纵识得十二部经，亦不免生死轮回，三界受苦，无有出期。"为此文所本。

⑫**听法底人**：即前文所谓无依道人。

⑬**活泼泼地**：泼或作鲅、拨，形容鱼跳跃之状，比喻解脱自由之人，如鱼游水动尾，踊跃自在。

⑭**应是**：即全部，此唐代俗语，与所有、应有、一应意同。

⑮**施设**：此梵语 Prajbapti 之译名，指与真实相对的假说、设定。

⑯**用处只是无处**：即应用无方之意，与后文“用处无踪迹”意同。

⑰**秘密**：《六祖坛经》："汝若返照自己面目，密即在汝边。"此谓歇得驰求心，不觅不求，宛然本有，此乃秘密之法。

⑱**梦幻伴子**：指虚幻不实的形骸。

⑲此谓不求美食好衣，一口粗饭、百补弊衣以度时光。毳，以鸟兽毛制成之僧服。《释氏要览》卷上："今言毳者即是细毛为衣也。"

⑳**生住异灭**：即生起、持续、变异、消灭诸形态。《宗镜录》卷七十四："四相有二：一粗，约果报而说，即生、老、病、死，此亦四相；二细，即生、住、异、灭，据惑业而论。"地、水、火、风四大分散为粗无常，念念生、住、异、灭为细无常。

㉑**摆扑**：唐代俗语，即打乱、颠倒之意。

译文

（6）有人问："什么是真正的见解？"

临济禅师回答说："你们就是这样在任何场所、任何时间入于凡境入于圣境，入于污染入于清净，入于诸佛的国土，入于弥勒的楼阁，入于毗卢遮那的法界，处处都现出以上的国土，都能呈露出成、住、坏、空的境界。释迦牟尼佛出于此世，演说伟大的法，然后入于涅槃，却看不见他有出入去来的踪迹。想要试图寻觅他的生死之迹，完全不可能得到。于是就进入无生灭的世界，遍历一切国土，入于华藏世界，彻底看见诸法虚空之相，都没有实体。唯有在这里听法的诸位无依独立的道人，才是诸佛之母，所以佛是从那个无依中生出。若是悟透了这个无依，则佛也无处可求。若是能够有这样的洞见，就可以称得上是有了真正的见解。学道人不能了悟此理，是因为执着于名字言句，被那个凡和圣的名称所妨碍，所以障蔽了自己的道眼，不得分明。例如称为经典的十二分教，其实都是表白显彰的文句。修行者不明此理，便执迷于这些文句中去寻求意义。这都是依附倚靠着某种东西，落在因果的世界里，也免不了于三界之中生死轮回。你们若是想要获得生死去住如同穿衣脱衣一般的自由，现在就认清此刻在听我说法的人，他无形无相，无根无本，也无住处，活泼泼地，他是所有的假设方便，显示他的活泼，却又不来自任何处所。因此，你越是寻觅他就越是遥远，越是追求就越是乖离，这就叫作不可思议的秘密。

“诸位学道人，你们莫要执着于这个梦幻般的形骸，或早或晚，就会归于一死。你们想向这个世界中寻觅个什么东西来解脱呢？寻觅一口淡饭充饥，百衲破衣御寒，一定要访求良师请教，莫要无所事事，追逐享乐。时光可是很宝贵，念念之间死亡就步步靠近了，粗而言之是被地、水、火、风，细而言之是被生、住、异、灭等四种相所追逼。诸位学道人，现在你们一定要识清四种变化无相的世界，以免受到外境的颠倒惑乱。”

原典

问：“如何是四种无相境[①]？”

师云[②]：“你一念心疑，被地来碍；你一念心爱，被水来溺；你一念心嗔，被火来烧；你一念心喜，被风来飘。若能如是辨得，不被境[③]转，处处用境。东涌西没，南涌北没，中涌边没，边涌中没[④]，履水如地，履地如水[⑤]。缘何如此？为达四大如梦如幻故。

“道流，你只今听法者，不是你四大，能用你四大。若能如是见得，便乃去住自由。约山僧见处，勿嫌底法[⑥]，你若爱圣，圣者圣之名[⑦]。有一般学人，向五台山里求文殊[⑧]，早错了也！五台山无文殊。你欲识文殊么？只你目前用处，始终不异，处处不疑，此个是活文殊。你一念心无差别光[⑨]，处处总是真普贤；你一念心自能解缚，随处解脱，此是观音三昧法。互为主伴[⑩]，出则一时出，一即三，三即一[⑪]。如是解得，始好看教[⑫]。”

注释

①**四种无相境：**包括地、水、火、风四大种粗相和生、住、异、灭四大种细相。四种相之形成皆有条件、因果，故就根本而言，皆为空相、假相，非实相、真相。

②此下乃就地、水、火、风四相与疑、爱、嗔、喜四情相对而言。《大智度论》卷十八："地坚重相，水冷湿相，火热照相，风轻动相。"

③**境：**指上文疑、爱、嗔、喜等。此句即迷则被物转，悟则能转物之意。

④此形容处处用境之自由自在之相。"东涌西没"云云乃六震动中之四震动，乃佛说法时引起的大地隆升或凹陷的奇瑞，见《大般若波罗蜜多经》卷三百二十二。

⑤此佛与菩萨十八神变中之二种，见《法华经》卷八《本事品》。

⑥**勿嫌底法：**心无憎爱即法无好恶，与下文连看，乃谓我不嫌凡夫染法，又不爱圣人净法，以斥假名圣者。

⑦上二"圣"是假名，下一"圣"指真圣。认假名故爱圣，爱圣故憎凡，不知圣是空名。

⑧唐代华严宗思想颇为流行，文殊演说佛法场所在东北方的清凉山，见《华严经·菩萨住处品》。世人即以五台山拟之，在山西省境内。

⑨**无差别光：**念念圆融无碍。普贤为差别智，见《华严经合论》卷九十一，此处言“无”，盖照差别境之智光本无差别。又《华严经》卷七《普贤三昧品》谓：“从知三世，念念无差别。”师或取于此。

⑩**互为主伴：**文殊为理，普贤为智，观音为悲，此三大士互为主伴，无高下之分。《华严经合论》卷三：“文殊、普贤、观音，三德互为主伴，以成法则，化利众生之首。”

⑪**一即三，三即一：**主伴无尽，圆融无碍，故三圣即一圣，一圣即三圣。《华严经合论》卷四十八：“观世音菩萨、文殊、普贤，此三法是古今三世一切佛之共行，十方共同。文殊主法身，妙慧之理；普贤明智身知根，成万行之门；观世音明大慈悲，处生死。三人之法成一人之德，号毗卢遮那。一切众生，总依此三法，号之为佛，少一不成。”

⑫教指佛经，言若不如是解，则造地狱业。故后文云：“看经看教，亦是造业。”

译文

（7）有人问：“什么是四种变化无相的世界？”

临济禅师回答说：“你们一念有疑虑心，就被四大中坚凝的地妨碍；你们一念有爱欲心，就被冷湿的水沉溺；你们一念有嗔恚心，就被焦热的火烧毁；你们一念有喜悦心，就被轻动的风吹飘。若是能够这样辨别清楚，就可以不被疑、爱、嗔、喜等外境颠倒转换，处处能够主宰驾驭外境。东边涌现西边沉没，南边涌现北边沉没，中间涌现旁边沉没，旁边涌现中间沉没，走在水上如同平地，走在平地如同水中。为何能这样呢？因为彻底体悟了四大乃虚空如梦如幻的缘故。

“诸位学道人，现在你们正听我说法者，不是你们的四大，你们是能够主宰四大的人。若是能够有这样的见解，就可以获得死生的自由。按照我的看法，没有嫌弃憎恶的法，你们若是嫌凡爱圣，圣即为真圣的空名。有一帮学道人，向五台山里去寻求文殊，早就大错特错啦！五台山里没有文殊。你们想要认识文殊吗？就是现在我眼前作用的你们，时间上始终一贯，空间上处处不疑，这个就是活文殊。你们一念之心能够超越差别世界，处处都是真正的普贤；你们一念之心能够自我解除束缚，随处解脱，这就是观音的三昧之境。文殊、普贤、观音三者是互为主从关系，要出现就同时出现，一圣即三圣，三圣即一圣。能够有这样的体悟，才有阅读经典祖录的资格。”

原典

师示众云："如今学道人，且要自信，莫向外觅，总上他闲尘境[1]，都不辨邪正。只如有祖有佛，皆是教迹[2]中事，有人拈起一句子语，或隐显中出[3]，便即疑生，照天照地[4]，傍家寻问，也太忙然[5]。大丈夫儿，莫只么论王论贼[6]，论是论非，论色论财，论说闲话过日。山僧此间不论僧俗，但有来者，尽识得伊。任伊向甚处出来，但有声、名、文、句[7]，皆是梦幻。却见乘境底人[8]，是诸佛之玄旨。佛境[9]不能自称我是佛境，还是这个无依道人乘境出来。若有人出来问[10]我求佛，我即应清净境出；有人问我菩萨，我即应慈悲境出；有人问我菩提，我即应净妙境出；有人问我涅槃，我即应寂静境出。境即万般差别，人即不别。所以应物现形，如水中月[11]。

"道流，你若欲得如法[12]，直须是大丈夫儿[13]始得，若萎萎随随[14]地，则不得也，夫如㽊嗄[15]之器不堪贮醍醐[16]。如大器者，直要不受人惑，随处作主，立处皆真。但有来者，皆不得受。你一念疑，即魔入心[17]，如菩萨疑时，生死魔得便。但能息念，更莫外求，物来即照[18]。你但信现今用底，一个事也无。你一念心生三界，随缘被境，分为六尘[19]。你如今应用处，欠少什么？一刹那间，便入净入秽，入弥勒楼阁，入三眼国土[20]，处处游履，唯见空名。”

注释

①**闲尘境：**大德接引人之方便手段，即公案、言句之意，与前文“闲机境”同。

②**教迹：**教法之踪迹，即言句。《楞伽经》卷二：“句身者谓经迹，如象马人兽等所行径迹，得句身名。”旧题达磨《悟性论》：“迷时有佛有法，悟时无佛无法。”才有佛祖名字，踪迹即生。

③**隐显中出：**或隐或显，不分明说破，故而起疑。

④**照天照地：**仰天俯地，即疑惑茫然之状。

⑤**忙然：**寻问奔波，手忙脚乱，不得安闲之状。或谓通“茫然”。

⑥**论王论贼：**“王”原本作“主”，兹据《天圣广灯录》改。《大般若波罗蜜多经》卷三百二十七有（菩萨）不乐观察论说王事，不乐观察论说贼事，不乐观察论说军事，不乐观察论说斗事，不乐观察论说男女诸说。此皆世间之事。

⑦**声、名、文、句：**佛教大小乘中通用之四法，依大乘佛教之见，四法皆空，虚幻不实。见《华严玄谈》卷七。

⑧**乘境底人：**指能够驾驭外境的具有主体性之人。

⑨**佛境：**即下文清净境、慈悲境、净妙境、寂静境等。此句亦后文“三界不自道我是三界”之意。

⑩**问：**即向之意，以下省“求”字。此下参照《华严经》卷三十八《十地品》。

⑪**应物现形，如水中月：**《金光明经》卷二《四天王品》偈曰：“佛真法身，犹若虚空。应物现形，如水中月。”此佛经中常用之喻。

⑫**如法：**真正见解。

⑬**大丈夫儿：**指不受人惑的人。

⑭**萎萎随随：**指随人俯仰、盲从他人的人。

⑮**嚬嗄：**象声词，瓶瓮等物破损之声。此比喻小乘根器。

⑯**醍醐：**奶酪中最上等者。从牛出乳，烹牛乳为酪，烹酪为酥，烹生酥为熟酥，烹熟酥为醍醐，醍醐最上。此喻真正见解，大乘至极妙法。此句谓小器浅劣者不堪饮大法乳。

⑰疑念即魔。《大慧普觉禅师语录》卷二十八《答吕舍人书》：“文字上起疑，经教上起疑，古人公案上起疑，日用尘劳中起疑，皆是邪魔眷属。”

⑱**物来即照：**以智慧光照破万物。

⑲**六尘：**即色、声、香、味、触、法。

⑳**三眼国土：**善见比丘所住之国，见《华严经》卷六十五《入法界品》。三眼为法眼、慧眼、慈眼，一作法眼、智眼、慧眼。下文临济乃以三身解之。

译文

（8）临济禅师对门下修行者说：“现在学佛道的人，一定要自信，莫要向外寻觅，你们总是攀缘于前人的言句公案，完全不能辨别邪正。假使说有祖师或佛，虽都是经典中的文句，但若是有人举出一句话，或隐或显、半明半暗地说出来，你们马上就会起疑心，抬头望天低头看地，东家打听西家寻问，岂不是过于茫茫然？那些大丈夫汉，是不会这样论王论贼，论是论非，论美色论钱财，论说世间闲话虚度光阴的。我这里不论出家在家，无论哪个修行者来，我都能一眼就看穿他的心思。任凭他从什么境界出来，只要有声音、名目、文字、言句，一切都空如梦幻。我只看到能够操纵声、名、文、句等外境的人，这是三世诸佛的玄妙之旨。佛的境界不得自称‘我是佛的境界’，还是这个无依道人操纵着佛的境界出来。若是有人出来向我求佛，我就以清净之境出来相应；有人向我求菩萨，我就以慈悲之境出来相应；有人向我求菩提，我就以清净微妙之境出来相应；有人向我求涅槃，我就以寂静之境出来相应。那些境即便有千差万别，但是人却只有一个。所以称之为应和万物而现形，犹如月在水中映。

“诸位学道人，你们若是想要得到真正的见解，一定要具备大丈夫的气概才行，假如是畏畏缩缩的样子，则终究不能得到，就好像陶瓮器皿不能贮藏醍醐一样。若是大器之人，就要绝对不受他人的惑乱，在任何场合都能自我做主宰，站立处皆真实。无论什么外物侵入，都不得接受。你们一念之间有疑心浮起，就是邪魔侵入了心，若是菩萨起疑念，生死魔就有了空隙可钻。只有停息驰求之念，再莫向外追求，万境来时便以智慧光照破截断。你们唯独相信此刻正在行动着的，此外什么事也没有。你们一念之心生于三界，随缘受外境影响，被六境分为六尘。当你们现在依照各种境遇来回应时，还欠少什么呢？一刹那间，便入于净土，入于秽土，入于弥勒的楼阁，入于三眼国土，到处游行步履，所见皆非实体，只有空相。”

原典

问：“如何是三眼国土？”

师云：“我共你入净妙国土[①]中，着清净衣，说法身佛；又入无差别国土[②]中，着无差别衣，说报身佛；又入解脱国土[③]中，着光明衣，说化身佛。此三眼国土皆是依变[④]。约经论家，取法身为根本，报、化二身为用。山僧见处，法身即不解说法[⑤]。所以古人云：‘身依义立，土据体论。’[⑥]法性身，法性土，明知是建立之法[⑦]，依通国土[⑧]，空拳黄叶，用诳小儿。[⑨]蒺藜菱刺[⑩]，枯骨上觅什么汁[⑪]？心外无法，内亦不可得，求什么物？你诸方言道有修有证，莫错！[⑫]设有修得者，皆是生死业。你言六度万行[⑬]齐修，我见皆是造业[⑭]。求佛求法，即是造地狱业；求菩萨，亦是造业；看经看教，亦是造业。佛与祖师是无事人，所以有漏有为[⑮]，无漏无为，为清净业。有一般瞎秃子，饱吃饭了，便坐禅观行，把捉念漏，不令放起，厌喧求静，是外道法[⑯]。祖师[⑰]云：‘你若住心看静，举心外照，摄心内澄，凝心入定，如是之流，皆是造作。’是你[⑱]如今与么听法底人，作么生拟修他[⑲]、证他、庄严他？渠且不是修底物，不是庄严得底物。若教他庄严，一切物即庄严得。你且莫错！

“道流，你取这一般老师口里语，为[⑳]是真道：是善知识不思议，我是凡夫心，不敢测度他老宿。[㉑]瞎屡生！你一生只作这个见解，辜负这一双眼。冷噤噤地[㉒]，如冻凌上驴驹[㉓]相似：我不敢毁善知识，怕生口业。[㉔]

“道流，夫大善知识[㉕]，始敢毁佛毁祖，是非天下，排斥三藏教[26]，骂辱诸小儿[27]，向逆顺[28]中觅人。所以我于十二年中[29]，求一个业性如芥子许不可得。若似新妇子禅师[30]，便即怕趁出院，不与饭吃，不安不乐。自古先辈，到处人不信，被趁出，始知是贵。若到处人尽肯，堪作什么？所以师子一吼，野干脑裂。[31]

“道流，诸方说有道可修，有法可证，你说证何法，修何道？你今用处，欠少什么物？修补何处？后生小阿师[32]不会，便即信这般野狐精魅，许他[33]说事，系缚他人[34]，言道理行相应[35]，护惜三业[36]，始得成佛。如此说者，如春细雨[37]。古人云：‘路逢达道人，第一莫向道。’[38]所以言：若人修道道不行[39]，万般邪境竞头生，智剑[40]出来无一物，明头未显暗头明[41]。所以古人[42]云：‘平常心是道。’

“大德，觅什么物？现今目前听法无依道人，历历地分明，未曾欠少。你若欲得与祖佛不别，但如是见，不用疑误。你心心不异[43]，名之活祖。心若有异，则性相[44]别。心不异故，即性与相不别。”

注释

①**净妙国土**：此指自性清净之境，三眼中之法眼。

②**无差别国土**：此指于净秽之处无净秽差别之境，

三眼中之慈眼。

③**解脱国土**：此指度脱一切、同居方便之境，三眼中之慧眼。

④**依变**：同“衣变”，指依外在之物而变化，非实体。

⑤《传心法要》：“法身说法，不可以言语、音声、形相、文字而求，无所说，无所证，自性虚通而已。故曰：无法可说，是名说法。”此处承其说，乃斥经论家以法身为极则之谬。

⑥此慈恩大师窥基《大乘法苑义林章》语意，已见前文。

⑦**建立之法**：依义建立身、土名之意，非有实法，即谓上文三眼之三身非实体。

⑧**依通国土**：依法术、理念而有所通解之土。此谓上文三眼之国土非实体。

⑨空拳者，手中无实物把握；黄叶者，杨树黄叶，其形状、颜色恰似铜钱。此二者皆哄骗小孩之物，比喻三身之土乃假设，化导少信根人之物。“空拳”语出《大般若波罗蜜多经》卷五百九十九：“如以空拳诳惑童竖，彼无知故谓有实物。愚夫异生，亦复如是，虚妄颠倒之所诳惑。”“黄叶”语出北本《大般涅槃经》卷二十《婴儿行品》：“如彼婴儿啼哭之时，父母即以杨树黄叶而语之，言‘莫啼莫啼，我与汝金’。婴儿见已生真金想，便

止不啼。然此杨叶实非金也。”

⑩**蒺藜菱刺**：此坚硬无润湿者，无汁可求，比喻向名言上求佛法之不可得。《本草纲目》卷十六：“蒺藜，弘景曰：多生道上及墙上，叶布地，子有刺，状如菱而小。长安最饶，人行多着木履。今军家乃铸铁作之，以布敌路，名铁蒺藜。”

⑪狗向枯骨吸汁，实际是其本身之涎唾，亦喻向名言上求佛法。《大宝积经》卷五十七：“如犬咬枯骨，妄生美想。”

⑫此乃对诸方之说的批判。丹霞禅师亦曰：“今时学者纷纷扰扰，皆是参禅问道。吾此间无道可修，无法可证。一饮一啄，各自有分。”（《景德传灯录》卷十四）

⑬**六度万行**：六度即六波罗蜜，指布施、持戒、忍辱、精进、禅定、智慧等六项菩萨所修之行。万行，佛所具之一切行。

⑭**造业**：即起心造作之意。业为梵语 Karman 之意译，音译“羯磨”。

⑮**有漏有为**：漏，烦恼；为，为作、造作。无事人故无拣择恼爱，所以有漏无漏、有为无为，一切作业无不尽是清净之业。此“清净”非与“污染”相对言，乃“空”之意。

⑯此斥默照禅摄念禅观之法。宝志《十四科颂》“静

乱不二”曰：“声闻厌喧求静，犹如弃面求饼。”(《景德传灯录》卷二十九）语默动静皆可入禅，恶喧好静，实为邪禅外道。

⑰**祖师**：此指荷泽神会（公元六六八—七六〇年）。以下数句，为神会批判北宗禅之著名言语。此皆有心有作之禅修，故非真禅定。

⑱**你**：即“如今与么听法底人”，乃无欠无余之人。

⑲**他**：即上文“听法底人”。下文“渠”同指那一人。既为无欠无余之人，则不待修、证、庄严。

⑳**为**：通“谓”。

㉑以上三句乃假设“瞎屡生”之言，实为缺少自信。

㉒**冷噤噤地**：开口不得之貌。

㉓**冻凌上驴驹**：恐惧不自在之义，比喻瞎屡生尊瞎秃子为善知识，不敢毁谤，怕生口业。

㉔此上二句亦假设“瞎屡生”之言。

㉕**大善知识**：指明眼大宗师。如此宗师，方能逢佛杀佛，逢祖杀祖，实为报答佛祖深恩。

㉖**三藏教**：佛典由经、律、论三部分构成，是为三藏之教。下文称“三藏十二分教，皆是拭不净故纸”，即为排斥三藏教之语。

㉗**小儿**：此指小信根学者及诸方无眼恶知识，皆愚痴如小儿。

㉘**逆顺：**指抑扬褒贬，擒纵予夺，或顺褒善知识，或逆贬恶知识，意在觅人而已。

㉙**十二年中：**此指较长之一时间段。《大方广菩萨藏文殊师利根本仪轨经》卷十四《阴阳善恶征应品》曰："十二年为大年。"《维摩经》卷七《观众生品》曰："天曰：我从十二年来求女人相，了不可得。"

㉚**新妇子禅师：**此指见解软弱、好言令色之禅师，如妇人始嫁，语言谨慎，以艳容取媚于夫。

㉛师子一吼，指先辈大宗匠、大善知识之一言半句。《维摩经·佛国品》僧肇注："师子吼，无畏音也。凡所言说，不畏群邪异学，谕师子吼，众兽下之。"野干，形色青黄如狗，群行夜鸣，其声如狼。一说为狐。《五分律》卷三："师子先吼，野狐闻之心破七分，便于象上坠落于地，于是群兽一时散走。"

㉜**小阿师：**即小师，阿为助字，此乃对师家之蔑称。

㉝**他：**指恶知识。

㉞**他人：**此泛指学道之人。

㉟**理行相应：**理为内性，即证悟；行为外相，即修行。达磨曰："明佛心宗，行解相应，名之曰祖。"（《景德传灯录》卷三）此处斥之，盖以勤修护惜为成佛手段，非真正见性之人。

㊱**三业：**指意业、身业、口业，泛指人的一切行为。

㊲**如春细雨：**此言多而不可数。《增一阿含经》卷十八曰："舍利弗入灭，欲、色、无色诸天堕泪，如春月细雨。"

㊳此"古人"指六祖法嗣司空山本净禅师，偈文见《祖堂集》卷三。上句"路"作"忽"，"达"作"修"。香严智闲禅师《谭道颂》曰："路逢达道人，莫将语默对。"（《景德传灯录》卷二十九）

㊴此下四句颂未详所出。耕云子《临济录摘叶钞》卷五作石头和尚颂，未见其据。

㊵**智剑：**截断万念之机。《维摩经》卷九《菩萨行品》曰："以智慧剑破烦恼贼。"

㊶明头暗头，后文普化亦有此语。明头指历历分明之世界，暗头指未分化之原初本来状态。

㊷**古人：**此指马祖道一，语见《景德传灯录》卷二十八。《无门关》第十九则记南泉亦有此语。

㊸**心心不异：**心性与心识、性与相如一。《传心法要》曰："祖师西来，唯传心佛，直指汝等心本来是佛。心心不异，故名为祖。"

㊹**性相：**性为心性、自性；相为心之名相、假名。性为不变之绝对本体，相为相对之变化相貌。黄檗《宛陵录》曰："心性不异，即性即心。心不异性，名之为祖。"《信心铭》曰："心若不异，万法一如。"均为临济所本。

译文

（9）有人问："什么是三眼国土？"

临济禅师回答说："我和你们一起进入净妙国土之中，穿上清净衣，说法身佛；又和你们进入无差别国土之中，穿上无差别衣，说报身佛；又和你们进入解脱国土之中，穿上光明衣，说化身佛。此所谓三眼国土，都是依据外在之物而起变化，皆无实体。然而根据讲说经论者的看法，则以法身为本体，报身、化身为妙用。按照我的见解，法身便是不懂得说法。所以古人这样说：'佛身依据佛法的教理而立，佛国土根据法性的本体而论。'称法性的佛身，法性的佛国土，明显可知是根据教理所假定的法，依倚法术理念所通解的国土，都是空拳中握着黄叶，用来哄骗小孩子的玩意儿。蒺藜与菱角刺，都和枯骨一样坚硬无湿润，有什么汁液可以寻觅吸吮？此心之外没有法，心内也找不到法，还想求什么东西？你们世间说佛道有修习有证悟，别错啦！假设有可以修证得的佛法，也都是生死轮回的业。你们说六度万行一起修，在我看来都是造业。求佛求法，就是造堕落地狱之业；求菩萨，也是造业；阅读经典，也是造业。佛陀与祖师都是无事之人，所以不论是有烦恼有造作，或是无烦恼无造作，都是无心无作的清净之业。世间有一帮瞎眼秃子，吃饱了饭，便坐禅入于冥想，按捺杂念烦恼，使其不能涌起，厌恶喧闹追求寂静，这都是邪禅外道之法。祖师曾经说：‘你们若是止住心念爱好寂静，举起心念鉴照外境，收摄心念澄定心内，凝住心念入于禅定，像这样的一伙人，都是造作。’就是你们现在这样听法的人便是无欠无余之人，做什么要想去修习它、证悟它、庄严它？它况且不是能够修习之物，不是能够庄严之物。若是教它可以庄严，那么万物便都可以庄严。你们且不要搞错！

“诸位学道人，你们听信这一帮邪师的话，以为这是真正的道，心想：这是善知识的不可思议之境，我是凡夫之心，不敢推测他老前辈的心思。愚蠢的家伙！你们一生就作这样的见解，真是辜负了自己的一双眼睛。战战兢兢的，就像走在薄冰上的驴马一样，总是想：我不敢批评善知识，怕生口祸。

“诸位学道人，唯有大善知识，才敢于毁谤佛和祖师，批判天下禅师的邪正，排斥三藏之教，骂倒像小儿一般的无眼学者，在褒贬抑扬中求得真正的人物。所以我在这么长的时间中，求一个如芥子般的无明业性也得不到。假若像一个新媳妇般胆小怕事的禅师，就唯恐被赶出寺院，不给他饭吃，所以处处小心，不得安宁快乐。自古以来的先辈们，无论走到哪里都不被理解，直到被赶出寺院，这才知道他的可贵。假若到处都能被人接受，那还能有什么作为？所以狮子一声吼，野干脑门裂。

“诸位学道人，世间都说有道可修习，有法可证悟，你们说证悟的是什么法，修习的是什么道？你们现在作用之处，还欠少什么东西？何处需要修补？后生小禅师们不明白这个道理，于是就轻信了这一帮野狐邪禅师，听任他们说教，束缚了学道之人，说什么教理与实践相应，守护爱惜身、口、意三业，方始能够成佛。说这种话的人，多如春天的细雨。古人说：‘路上遇见修道人，绝对莫要言说道。’所以说，若有人修道修不成，万般邪境竞相争生，智慧之剑截断一切，明头不显暗头光明。所以古人说：‘平常的心就是道。’

“诸位学道人，你们要觅求什么东西？现在我面前听法的诸位无依道人，明明白白，万德圆满，再也不缺少什么。你们若是想要和祖佛一样，只要能有这般的见地，不要再有疑虑。你们时时刻刻心与心没有差异，这叫作活祖师。若是心念有异，则心的本体和外相就有差别。而心念没有差异的话，那么心的本体和外相就是同一的。”

原典

问："如何是心心不异处？"

师云："你拟问，早异了也，性相各分。道流，莫错！世出世诸法，皆无自性[①]，亦无生性[②]。但有空名，名字亦空[③]。你只么认他闲名为实，大错了也！设有，皆是依变之境[④]。有个菩提依[⑤]、涅槃依、解脱依、三身依、境智[⑥]依、菩萨依、佛依。你向依变国土中觅什么物？乃至三乘十二分教，皆是拭不净故纸。[⑦]佛是幻化身，祖是老比丘。你还是娘生已否[⑧]？你若求佛，即被佛魔摄；你若求祖，即被祖魔缚。你若有求皆苦，不如无事。

"有一般秃比丘向学人道：'佛是究竟[⑨]，于三大阿僧祇劫[⑩]，修行果满，方始成道。'道流，你若道佛是究竟，缘什么八十年后，向拘尸罗城[⑪]双林树间侧卧而死去？佛今何在？明知与我生死不别。你言三十二相、八十种好[⑫]是佛，转轮圣王[⑬]应是如来，明知是幻化。古人云[⑭]：'如来举身[⑮]相，为顺世间情。恐人生断见[⑯]，权且立虚名。假言三十二,八十也空声[⑰]。有身[⑱]非觉体[⑲]，无相[⑳]乃真形。'"

注释

①**无自性：**性空之意。

②**无生性：**相空之意。

③**名字亦空：**名字，指世出世诸法性相名字。《维摩经》卷五《问疾品》曰："我及涅槃此二者皆空，以何为空？以名字故空。"

④**依变之境：**依倚本体所变起之境，乃是空名无实。

⑤此下举七种依，皆是依倚本体变起，详说"依变之境"。

⑥**境智：**所观为境，能观为智，禅家强调泯灭二者的相对性，故曰"境智俱忘"；又崇尚二者的一体化，故曰"境智不二"。与"心境"意同。

⑦其后德山宣鉴禅师上堂语曰："达磨是老臊胡，释迦老子是干屎橛，文殊、普贤是担屎汉，等觉妙觉是破执凡夫，菩提涅槃是系驴橛，十二分教是鬼神簿、拭疮疣纸。"（《五灯会元》卷七）亦承此而来。既夺依变法，又夺依变人。

⑧**娘生已否：**反问句，意谓既是母亲所生，则无所欠少者，不必拘泥于教中语句及佛祖名相。

⑨**究竟：**佛位之称，犹至极之义。

⑩**三大阿僧祇劫：**指成佛修行所需之极长时间。

⑪**拘尸罗城：**全称拘尸那揭罗，梵语 Kuśinagara 之音译，在中印度，为释迦牟尼佛寂灭之地。

⑫**三十二相、八十种好：**此古印度超凡之人的相貌

特征。凡具此相者，在世间为圣王，出家则为无上觉者。

⑬**转轮圣王：**此指印度古代理想中之圣天子。

⑭此出自傅大士《金刚经颂》语（见敦煌本）。

⑮**举身：**犹言全身、通身，非举示色身之意。

⑯**断见：**以世界与自我灭绝，尽归于无之见解。

⑰**空声：**即虚名。

⑱**有身：**即三十二相八十种好之假相。

⑲**觉体：**真佛本觉之自体，即佛陀之意。

⑳**无相：**即后文“真佛无形、真法无相”之意。佛法二谛：一为世谛，故说三十二相；二为第一义谛，故曰无相。

译文

（10）有人问：“什么是心与心的没有差异？”

临济禅师回答说：“你们想要问，早就有了差异了，本体和外相便分解开来。诸位学道人，莫要错啦！世间的和超世间的一切存在，都没有本性和实体，也没有生起外相的本体。唯独有个空名，甚至空名也是空的。而你们这样执着于无意味的空名作真实的思索，大错特错啦！即使有什么法，也都是依倚本体所变起之境。有个依于菩提的境、依于涅槃的境、依于解脱的境、依于三身的境、依于境智的境、依于菩萨的境、依于佛的境。你们向这依倚于本体所现出的变幻世界中寻觅个什么东西？那儿什么东西都没有，乃至于三乘十二分教等一切的佛典，都是擦污秽之物的厕纸。佛是幻化之身，祖师是不讨人喜的老和尚。你们难道不是娘肚里生出来的吗？你们若是求佛，就会被佛魔摄召；你们若是求祖师，就会被祖师魔束缚。你们只要有所求都是苦，不如什么事都没有最好。

“有一帮秃头僧人向修行者说：‘佛陀是修行的极致，在三大阿僧祇劫的漫长时间中，修行积德，功果圆满，方始能够成道。’诸位学道人，你们若要说佛陀是人间最高的极致，那为什么八十岁以后，他要向拘尸罗城的沙罗双树间侧卧而死去呢？佛陀而今在何处？明显可知佛陀与我没有生死的区别。你们说三十二相、八十种好是佛，那么转轮圣王就应该是如来，明显可知佛陀是虚幻所化。古人说：‘如来全身的瑞相，为了应顺世间的人情。唯恐人们产生断见，权且设立方便虚名。假托三十二相，八十种好也是空名。释尊的假相非佛，无相才是佛的真形。’”

原典

“你道：‘佛有六通[1]，是不可思议。’一切诸天、神仙[2]、阿修罗[3]、大力鬼[4]亦有神通，应是佛否？道流，莫错！只如阿修罗与天帝释战，战败领八万四千眷属，入藕丝孔中藏[5]，莫是圣否？如山僧所举，皆是业通、依通[6]。夫如佛六通者不然，入色界不被色惑[7]，入声界不被声惑，入香界不被香惑，入味界不被味惑，入触界不被触惑，入法界不被法惑。所以达六种色、声、香、味、触、法皆是空相，不能系缚此无依道人。虽是五蕴[8]漏质[9]，便是地行神通[10]。

“道流，真佛无形，真法无相。[11]你只么幻化上头作模作样[12]，设求得者，皆是野狐精魅，并不是真佛，是外道见解。夫如真学道人，并不取佛，不取菩萨罗汉，不取三界殊胜[13]。迥然独脱，不与物拘。乾坤倒覆[14]，我更不疑。十方诸佛现前，无一念心喜；三涂地狱[15]顿现，无一念心怖。缘何如此？我见诸法空相，变即有，不变即无。三界唯心，万法唯识。[16]所以梦幻空花，何劳把捉？[17]

“唯有道流，目前现今听法底人，入火不烧，入水不溺，入三涂地狱，如游园观[18]，入饿鬼畜生，而不受报。缘何如此？无嫌底法。‘你若爱圣憎凡[19]，生死海里

沉浮。烦恼由心故有，无心烦恼何拘。不劳分别取相，自然得道须臾。'

“你拟傍家波波地学得，于三祇劫中，终归生死。不如无事，向丛林[20]中，床角头[21]交脚坐。”

注释

①**六通：**指神境通（亦名如意通）、天眼通、天耳通、宿命通、他心通、漏尽通。前五通为诸天神仙所共有，第六通乃佛所特有。此均为一种神秘之能力。

②**诸天、神仙：**皆古印度民族信仰中佛法之守护神。

③**阿修罗：**为战斗之神。

④**大力鬼：**为饿鬼道之神。

⑤此故事见《法苑珠林》卷九。

⑥**业通、依通：**由宿业而来之通力为业通，根据幻术或密术而显出之灵变为依通。《宝藏论·离微体净品》有道通、神通、依通、报通（业通）、妖通之说。

⑦此下谓真佛神通虽入无尘境而能不受其染，随处做主，立处皆真。

⑧**五蕴：**指色、受、想、行、识五种条件所和合成之身体。

⑨**漏质：**烦恼之形质。

⑩**地行神通**：未能飞行，但在地上行走而能显现神通。此即谓平常生活中亦可有妙用神通。《景德传灯录》卷八《庞居士章》偈曰："神通并妙用，运水及搬柴。"

⑪此句谓真正佛法为虚空，无形无相，无任何限定。

⑫**作模作样**：修行造作、计较卜度之意。

⑬**三界殊胜**：指转轮圣王，此在三界中最尊最胜。

⑭此用僧肇《肇论·物不迁论》语："乾坤倒覆，无谓不静。洪流滔天，无谓其动。"

⑮**三涂地狱**：指火涂、血涂、刀涂等地狱。

⑯此禅家常用之句，以《成唯识论》卷七为根据。

⑰此《信心铭》中句。空花乃患眼疾人见空中之花，乃无实体之喻。

⑱《维摩经·菩萨行品》曰："于生死中，如园观想。"

⑲此下六句引用宝志和尚《大乘赞》，见《景德传灯录》卷二十九。

⑳**丛林**：修禅者的道场，后世总称为禅院。

㉑**角头**：角落之意。

译文

"你们说：'佛具有六种神通，这是超出于言论和想象之外的。'然而一切诸天、神仙、阿修罗、大力鬼也有神通，他们难道也都是佛吗？诸位学道人，你们莫要错啦！就以阿修罗王和天帝释相战来说，阿修罗王战败后率领八万四千眷属，进入莲藕丝孔中藏身，这也可以称他是圣者吗？如我以上所举的例子，都是业通和依通。至于说到佛的六通就不是这样了，进入色界不被色惑，进入声界不被声惑，进入香界不被香惑，进入味界不被味惑，进入触界不被触惑，进入法界不被法惑。所以认识这六种色、声、香、味、触、法都是空相而非实体，都不能束缚这无所依恃的道人。他虽然是具有五蕴的烦恼之身，却是在地上行走而能显现神通的人。

“诸位学道人，真正的佛没有形貌，真实的事物没有相状。你们这样在幻化空相上猜想臆测，就算求到了什么，也都是野狐狸精所变化的，决不是真正的佛，而只是外道的见解。要说到真正的学道人，并不去认求佛，不去认求菩萨、罗汉，不去认求三界中最尊最胜的人。什么都没有，独立超脱，不受外物的拘束。天地翻覆，我也决不疑惑。十方世界的佛出现在眼前，无一念心喜；三涂地狱顿时出现，也没有一念恐惧。为何能够如此？因为我能够见穿一切诸法皆为空幻之相，变化就有，不变就没有。三界都依赖此心生成，万千事物都依赖此识存在。所以梦里幻景空中花影，何必徒劳去把捉？

“只有你们诸位学道人，就是现在我面前听我说法的人，入于火不被烧，入于水不被溺，即使入于三种凶恶的路途，或进入地狱，也如同游览花园一样，便是入于饿鬼道或畜生道，也不会遭受任何因果报应。为什么会这样？因为他没有任何拣择嫌弃。'你若是爱圣者而憎厌平凡，就会永远在生死大海中浮沉。种种烦恼是由心而生成，无心便没有烦恼的拘束。当你不被分别选择所困扰，自然一瞬间就可以得道。'

"你们想要跟着邪道忙颠颠地学佛法，就算经历三祇劫的漫长时间，最终还是注定要归于生死的世界中。还不如甘于无事之境，回到禅院中，在禅床的角落里盘腿而坐。"

原典

"道流，如诸方有学人来，主客相见了，便有一句子语[①]，辨前头[②]善知识。被学人拈出个机权[③]语路，向善知识口角头攛过[④]，看你[⑤]识不识。你若识得是境[⑥]，把得便抛向坑子里[⑦]。学人便即寻常，然后便索善知识语，依前夺之。学人云：'上智哉，是大善知识！'[⑧]即云：'你大不识好恶！'

"如善知识，把出个境块子，向学人面前弄。[⑨]前人[⑩]辨得，下下[⑪]作主，不受境惑。善知识便即现半身[⑫]，

学人便喝。善知识又入一切差别语路中摆扑，学人云：‘不识好恶老秃奴！’善知识叹曰：‘真正道流！’

“如诸方善知识不辨邪正[13]，学人来问菩提涅槃、三身境智，瞎老师便与他解说。被他学人骂着，便把棒打他，言无礼度。自是你善知识无眼，不得嗔他。

“有一般不识好恶秃奴[14]，即指东划西，好晴好雨，好灯笼露柱[15]，你看眉毛有几茎[16]？这个具机缘[17]，学人不会，便即心狂。如是之流，总是野狐精魅魍魉。被他好学人嗌嗌[18]微笑，言：‘瞎老秃奴，惑乱他天下人。’

注释

①此师家与学人问答商量之一，称“临济四宾主”，此处乃是好宾好主，为学人勘验师家。

②**前头：**学人面前之意。

③**机权：**机关权宜之意。

④**撺过：**抛出之意。

⑤**你：**指善知识。

⑥**境：**闲机境，此处指言句假物。

⑦**抛向坑子里：**此指一棒一喝之类。

⑧此句貌似恭维，实际暗含揶揄。《维摩经》卷三《弟子品》曰：“上智哉！是优波离所不及。”

⑨此师家勘验学人，亦好主好宾。境块子，亦指禅僧之机锋语句。

⑩**前人：**指学人。

⑪**下下：**即一一、依次之意。此当时俗语。

⑫**现半身：**或隐或显，稍示机关。

⑬此是恶主好宾。

⑭此是恶宾恶主。

⑮**灯笼露柱：**露柱乃禅堂前所立之柱，挂上灯笼做夜间照明用。《景德传灯录》卷二十三《乾明慧彻章》有“露柱挂灯笼”之语。此与上两句同指计较卜度、胡说乱道之模样。

⑯**眉毛有几茎：**当时人认为不识正法，胡说乱道，将受罚而眉须脱落。《碧岩录》卷一第八则翠岩曰：“一夏以来为兄弟说话，看翠岩眉毛在么？”

⑰此句颇难解。道忠《临济录疏瀹》卷三曰：“‘这个’指此一段大事也。‘机缘’者，机属学者，犹教中云众生机属所化；缘属师家，是学者之缘。故言此一段大事，须师学机缘具足，及其时节到来，便师家为竖指举拳，或示喜怒，或指灯笼露柱，学者即悟。”入矢义高氏译注《临济录》则以此句与本段文脉之语义不合，疑为后人之评论误入正文。

⑱**嗌嗌：**笑声。

译文

“诸位学道人，如果有各地修行者来到这里，禅院院主与客人相见了，修行者便说出一句话，来测试对面师家的深浅。被修行者举出一个机关之语，向师家面前抛出，看师家能否辨识。师家若能识破这是言句假物，抓住它就抛向茅坑里。修行者的态度也就变得寻常，然后就向师家求教，师家依前喝破他。修行者便说：‘绝顶聪明啊，真是大善知识！’师家便说：‘你完全是不识好歹！’

“或者如真正的师家，举出个机锋之语，向修行者面前摆弄。修行者能够辨别，一一自我做主，不受外境的迷惑。师家便或隐或现，稍示机关，修行者便喝。师家又举出种种差别语句来拨弄他，学人于是说：‘真是不识好歹的老秃子！’师家则赞叹说：‘真正的学道人！’

“若是诸方师家没有辨别邪正的能力，修行者来询问菩提、涅槃或三身、境智等问题，瞎眼的和尚便会给他解说。被有见解的修行者骂了，便抓起棒子打他，说他言语无礼。其实正是这面前的师家无眼力，实在没有责骂修行者的资格。

“还有一帮不识好歹的秃子，一会儿指东，一会儿指西，时而说晴好，时而说雨好，又说灯笼好，又说露柱好，你们看这帮人的眉毛还有几根？这个里面具有机缘，修行者不懂得这一点，便会心思惑乱。像这一帮家伙，都是野狐狸精、妖魅魍魉。只落得个被有见识的修行者嘿嘿冷笑，说：‘瞎眼老秃子，惑乱了众多的天下人。’

原典

“道流，出家儿且要学道。只如山僧，往日曾向毗尼[①]中留心，亦曾于经论寻讨，后方知是济世药[②]、表显之说，遂乃一时抛却，即访道参禅。后遇大善知识[③]，方乃道眼分明，始识得天下老和尚，知其邪正。不是娘生下便会[④]，还是体究练磨，一朝自省。

“道流，你欲得如法见解，但莫受人惑。向里向外，逢着便杀[⑤]，逢佛杀佛，逢祖杀祖，逢罗汉杀罗汉，逢父母杀父母，逢亲眷杀亲眷，始得解脱，不与物[⑥]拘，透脱自在。如诸方学道流，未有不依物出来底。山僧向此间从头打[⑦]。手上出来手上打，口里出来口里打，眼里出来眼里打。未有一个独脱出来底，皆是上他古人闲机境。

“山僧无一法与人[⑧]，只是治病解缚[⑨]。你诸方道流，试不依物出来，我要共你商量。十年五岁，并无一人，皆是依草附叶[⑩]竹木精灵，野狐精魅，向一切粪块[⑪]

上乱咬。瞎汉！枉消[12]他十方信施，道我是出家儿，作如是见解。向你道无佛无法、无修无证，只与么傍家拟求什么物？瞎汉！头上安头[13]，是你欠少什么？

“道流，是你目前用底，与祖佛不别。只么不信，便向外求。莫错！向外无法，内亦不可得。你取山僧口里语，不如休歇无事去。[14]已起者莫续，未起者不要放起。[15]便胜你十年行脚[16]。约山僧见处，无如许多般，只是平常，着衣吃饭，无事过时。你诸方来者，皆是有心求佛、求法、求解脱、求出离三界。痴人，你要出三界，什么处去？佛祖是赏系底名句[17]。你欲识三界么？不离你今听法底心地。你一念心贪是欲界，你一念心嗔是色界，你一念心痴是无色界，是你屋里家具子[18]。三界不自道‘我是三界’，还是道流，目前灵灵地照烛万般、酌度[19]世界底人，与三界安名。

注释

①**毗尼：**梵语毗奈耶（Vinaya）之略称，释迦牟尼所定之僧人生活准则，即戒律。与下文经、论合称“三藏”。

②**济世药：**济度世间由烦恼而病之药方。

③**大善知识：**此即指黄檗禅师。

④**娘生下便会**：此指生而知之，不假修行。澄观语曰："虽即心即佛，唯证者方知。"（《景德传灯录》卷三十）与临济之意一致。

⑤**杀**：于内心外境截断众念为杀，黄檗称为"舍"。《传心法要》曰："内外身心，一切俱舍。"

⑥**物**：指佛祖等名相言句及一切外物。

⑦**从头打**：自始打到终。"打"与夺、杀等同，含全面否定之意。

⑧**无一法与人**：此禅家常用语，见《景德传灯录》卷十五《德山宣鉴禅师章》等。《传心法要》亦曰："唯直下顿了自心本来是佛，无一法可得，无一行可修。"

⑨**治病解缚**：治不自信之病，解执着拘泥之缚。

⑩**依草附叶**：依古人机境模样学来，非从自己心中悟得。

⑪**一切粪块**：指佛祖言句，即上文"古人闲机境"之意。

⑫**枉消**：白白消受之意。

⑬**头上安头**：此承黄檗禅师意旨。《宛陵录》曰："语默动静、一切色声尽是佛事，何处觅佛？不可更头上加头，嘴上加嘴。"

⑭此乃临济诫学人勿记取其口中语，非劝众僧记其语。

⑮《起信论笔削》卷五曰："已起之恶断令不续，未起之恶断令不起。"

⑯**行脚：**《祖庭事苑》卷八曰："行脚者，谓远离乡曲，行脚天下。脱情捐累，寻访师友，求法证悟也。"

⑰**赏系底名句：**此句颇难解。耕云子《临济录摘叶钞》卷六解作"赏玩佛祖，被系缚之义也"。道忠《临济录疏瀹》卷三曰："赏尚其德，系名于其人。"秋月龙珉氏译注《临济录》以为此句当略其"系"字义，专取赏美名句之意。

⑱**屋里家具子：**心有三毒（贪、嗔、痴），故比之为自己屋里的家具器皿。

⑲**酌度：**参酌审择之意。

译文

"诸位学道人，出家人要以学道修行为根本。就以我来说，过去也曾经留心研究戒律，也曾经探究过经部和论部的典籍，后来才知道那些不过是济世药、告示牌之类的东西，于是一下子抛弃掉，就来访道参禅。后来遇到大师家，这才具备了辨道的慧眼，从此能看清天下的老和尚，知道他们的参悟究竟是邪是正。这并不是从娘胎里生下来便会的，还是要经过体究磨炼，方能一朝自我省悟。

“诸位学道人，你们若是想要得到真正的见解，唯有不受他人的诳惑。于内心外境，逢着念头便杀断它，逢着佛杀佛，逢着祖师杀祖师，逢着罗汉杀罗汉，逢着父母杀父母，逢着亲眷杀亲眷，这样方始得以解脱，不受外物的拘束，洒脱自在。例如各地的学道人，未有不依存于外物来到我面前的。我在这里从头到尾将学道人所依附者一一打落。手上出来手上打，口里出来口里打，眼里出来眼里打。到现在为止没有一个是独立洒脱出来的，都是执着于佛祖言句或古人公案。

“我这里没有任何法则可以给你们，只是给修行者治疗不自信的疾病、解除执着言句的束缚。你们各地的学道人，试试不依附于外物出来，我要和你们一起问答商量。可惜的是，五年十年中，这样的人一个也没有，都是依附着草叶竹树的精灵，野狐狸变化的鬼怪，向着所有像粪块一样的古人言句上乱咬。瞎眼汉！白白消受了天下信徒的施舍，说起来我是出家人，竟然有这样的见解。我告诉你们，本来就没有佛、没有法、没有修行、没有证悟，你们这样向着旁门邪道想要求什么东西？瞎眼汉！头上还要安头，除了你们自己之外还缺少什么？

“诸位学道人，就是你们现在的种种作用，与祖佛也没有什么区别。只是你们不相信这些，一意向外追求。

别错啦！向外没有法，向内也无可求。然而你们记取我说的话，还不如歇着不做事。已经起来的妄念不要继续，没有起来的妄念莫让它生起。这样的话，就胜过你们的十年行脚修行。要是按照我的看法，也没有多少繁复的道理，就是平平常常，穿衣吃饭，心无牵挂，以度时光。你们各地来这里的学道人，都是有心求佛、求法、求解脱、求出离于三界。呆子，你们要想出离三界，想要到什么地方去？佛与祖师都是既令人赏尚又会束缚人的名目言句。你们想要知道三界在哪里吗？它没有离开现在听我说法的你们诸位的心地。你们若有一念的贪心便是欲界，若有一念的愤怒心便是色界，若有一念的迷惑心便是无色界，三界就是你们自己屋里的家具器皿。三界不会自称'我是三界'，还是诸位学道之人，就是现在我眼前的明亮照耀着一切、裁量审度着世界的人，是你们给三界安上了名称。

原典

"大德，四大色身是无常，乃至脾胃肝胆、发毛爪齿，唯见诸法空相。你一念心歇得处，唤作菩提树①；你一念心不能歇得处，唤作无明树②。无明无住处，无明无始终。③你若念念心歇不得，便上他无明树，便入六道四生[④]，披毛戴角。你若歇得，便是清净身界。你一念不生，便是上菩提树，三界神通变化，意生化身[⑤]。法喜禅悦[⑥]，身光自照[⑦]。思衣罗绮千重，思食百味具足[⑧]，更无横病。菩提无住处，是故无得者。[⑨]

"道流，大丈夫汉，更疑个什么？目前用处，更是阿谁？把得便用，莫着名字，号为玄旨。与么见得，勿嫌底法。古人[⑩]云：'心随万境转，转处实能幽。随流认得性，无喜亦无忧。'

"道流，如禅宗见解，死活循然[⑪]。参学之人，大须子细。如主客相见，便有言论往来。或应物现形，或全体作用[⑫]，或把机权喜怒[⑬]，或现半身，或乘师子，或乘象王。[⑭]如有真正学人，便喝[⑮]，先拈出一个胶盆子[⑯]。善知识不辨是境，便上他境上作模作样。学人便喝，前人不肯放，此是膏肓之病，不堪医。唤作客看主[⑰]。或是善知识不拈出物，随学人问处即夺。[⑱]学人被夺，抵死不放。此是主看客。或有学人应一个清净境出善知识前，善知识辨得是境，把得抛向坑里。[⑲]学人言：'大好善知识。'[⑳]即云：'咄哉！不识好恶。'学人便礼拜。此唤作主看主[㉑]。或有学人披枷带锁[㉒]出善知识前，善知识更与安一重枷锁[㉓]。学人欢喜，彼此不辨，呼为客看客[㉔]。大德，山僧如是所举，皆是辨魔拣异，知其邪正。[㉕]

注释

①**菩提树**：此依神秀偈“身是菩提树，心似明镜台”。菩提乃觉了之意。

②**无明树**：无明为梵语 Avidyā 之意译，亦名愚痴、愚惑，乃十二因缘之一。《大乘起信论》卷上曰：“以不达一法界，故心不相应。忽然念起，名为无明。”以无明比喻为树，八万四千尘劳乃如树之枝叶花果。

③此谓无明无实体亦无限定之意。

④**四生**：梵语 Caturyoni 之意译，指六道众生之四种形态，即卵生、胎生、湿生、化生。

⑤**意生化身**：意念所至，身亦随之，无有障碍。《楞伽经》卷三有“三种意生身”之说。

⑥**法喜禅悦**：此指斋食五种食中之两种，法喜食与禅悦食。法喜为慧，禅悦为定。闻法、入禅皆可养法身。

⑦**身光自照**：法身之智光可不假日月灯烛之光而自照。

⑧此二句乃形容生彼净土之人的种种享受，《无量寿经》卷上有详说。

⑨上文云“无明无住处”，故此处加以补充。二语出于《维摩诘经·观众生品》。《宛陵录》亦曾引用。

⑩**古人**：此为西土第二十二祖摩拏罗尊者，语出其

付法偈，见《宝林传》卷五。

⑪**死活循然**：即死中有活，活中有死，言论往来，一问一答，死活不一不异，循环不滞。

⑫**全体作用**：指不露痕迹之整体呈现。

⑬**把机权喜怒**：为接引学人而假设机关，或喜或怒，褒贬抑扬。

⑭乘狮子乃表示文殊菩萨之境，是平等智（知）；乘象王则示以普贤菩萨之境，是差别智（行）。以上皆表示师家临机而发。

⑮此下再说“临济四宾主”。此为好宾恶主之例。

⑯**胶盆子**：盛胶之盆，往往黏着不脱，此处指葛藤话头。

⑰**客看主**：此指修行者有眼，看破师家。

⑱此为好主恶宾之例。

⑲此为好主好宾之例。

⑳**大好善知识**：此处含揶揄之意。

㉑**主看主**：宾中主(学人)与主中主(师家)互相看破。

㉒**披枷带锁**：此喻被佛祖经语束缚，奉之为教条的人。此恶宾恶主之例。

㉓**安一重枷锁**：此指劝人看经念佛、持斋持戒。

㉔**客看客**：师家无眼为主中宾（客），学人无眼为宾中宾（客），两者皆无眼识，故谓之“客看客”。

㉕此句为总结上文四宾主之意。辨魔，指识破野狐精魅。拣异，指剔除外道邪见。

译文

“诸位修行者，地、水、火、风四大要素构成的肉体是无常，乃至于脾胃肝胆、毛发爪齿，只看到一切的法都是空相。不过你们一念之心停歇下来，就叫作菩提树；你们一念之心不得停歇下来，就叫作无明树。然而无明没有实体，同时也无始无终。你们若是念念之心都不得停歇的话，便爬上了那棵无明树，便堕落于六道四生的迷妄世界中，变成个披毛戴角的四足畜生。你们若是一念之心能够停歇，便是清净法身的世界。你们若是一念妄心不生，便是攀上了菩提树，在三界之中变化无碍，意念所至，身即化之。以法喜禅悦养身，法身的光芒自动照耀。心中一想便有千重的绫罗绸缎可穿，百种的山珍海味可食，绝对没有意想不到的毛病。菩提没有实体，所以没有人可以得到。

“诸位学道人，男子汉大丈夫，对此还要再怀疑个什么？现在眼前活跃的人还会是谁？抓住了就用，不要给它安任何名字，这就叫作玄奥义旨。如果能这样看问题，在这世界上就再也没有嫌弃的东西了。古人说：‘心

随喜怒哀乐万境转换，转换之处更有幽深奥秘。随着烦恼之流而能处处明性做主，没有欣喜也没有担忧。'

“诸位学道人，依照禅宗的见解，死活循环不滞。修行者对此一定要特别仔细。例如师家与修行者相见时，便有言论问答的往来。此时或者是根据对象的不同而现出不同的外形，或者是作不露痕迹的整体呈现，或者是假设机关，喜怒无常，或者是露出半身，若隐若现，或者乘狮子现文殊之境，或者乘象王现普贤之境。若是有真正见解的学道人出来，见面就喝，立刻拿出一个胶盆子来。师家不能辨认这是言句空相，于是就执着于言句空相上乱加臆测。学道人喝了一声，但是师家仍然抓住言句空相不肯放，这就是病入膏肓，无法医治了。这种情况叫作‘客看主’。或者是师家自己不拈举出什么物，只是随着学道人的问话而夺之。学道人被夺，至死也不肯放弃。这种情况叫作‘主看客’。或者是学道人以一个清净法身的样子出现在师家面前，师家能够分辨出这是空相之境，抓住就扔到茅坑里。学道人赞叹说：‘好一个大师家！’师家随即说：‘咄哉！不识好歹。’学道人立刻礼拜。这种情况叫作‘主看主’。或者是学道人披枷带锁出现在师家面前，而无见识的师家反而给他再加上一道枷锁。学道人心中欢喜，和师家彼此都不能看清对方，这种情况叫作‘客看客’。诸位学道人，我以上所举的例子，都是为了让你们学会分辨恶魔异端，知道邪正的区别。

原典

“道流，实情大难[①]，佛法幽玄，解得可可地[②]。山僧竟日与他说破，学者总不在意。千遍万遍，脚底踏过，黑没焌地[③]，无一个形段，历历孤明。学人信不及，便向名句上生解。年登半百，只管傍家负死尸[④]行，担却担子[⑤]天下走。索草鞋钱有日在。

“大德，山僧说向外无法，学人不会，便即向里作解，便即倚壁坐，舌拄上腭，湛然不动[⑥]，取此为是祖门佛法也。大错！是你若取不动清净境为是，你即认他无明为郎主[⑦]。古人[⑧]云：‘湛湛黑暗深坑，实可怖畏。’此之是也。你若认他[⑨]动者是，一切草木皆解动，应可是道也。所以动者是风大，不动者是地大，动与不动，俱无自性。你若向动处捉他，他向不动处立；你若向不动处捉他，他向动处立。譬如潜泉鱼，鼓波而自跃。[⑩]

“大德，动与不动，是二种境[⑪]。还是无依道人，用动用不动。如诸方学人来，山僧此间作三种根器断[⑫]。如中下根器来，我便夺其境，而不除其法[⑬]；或中上根器来，我便境法俱夺；如上上根器来，我便境法人俱不夺；如有出格见解人[14]来，山僧此间便全体作用[15]，不历根器。

“大德，到这里，学人着力处不通风，石火电光即过了也。学人若眼定动[16]，即没交涉。拟心即差，动念即乖。[17]有人解者，不离目前。

“大德，你担钵囊[18]屎担子[19]，傍家走求佛求法。即今与么驰求底，你还识渠么？活泼泼地，只是勿根株[20]，拥不聚，拨不散。[21]求着即转远，不求还在目前，灵音属耳。若人不信，徒劳百年。

“道流，一刹那间便入华藏世界，入毗卢遮那国土，入解脱国土，入神通国土，入清净国土，入法界，入秽入净，入凡入圣，入饿鬼畜生，处处讨觅寻，皆不见有生有死，唯有空名。‘幻化空花，不劳把捉；得失是非，一时放却。’[22]

注释

①**实情大难：**真正的道心谓之实情，此不易显发，故曰“大难”。

②**可可地：**唐代俗语，意谓“相当地”。

③**黑没焌地：**火熄灭为“焌”，即黑暗漫漫之意。此处喻原初之本来状态。参见前文“暗头”及后文“处处

黑暗”。

④**死尸**：指形骸。此斥缺乏真正见解之自觉的人。

⑤**担子**：从烦恼妄想到佛祖名句，皆喻作担子，与前文“披枷带锁”意近。

⑥此指坐禅的姿势和做法之一。《敕修百丈清规》卷五《坐禅仪》曰：“正身端坐，令耳与肩对，鼻与脐对，舌拄上腭，唇齿相着，目须微开，免致昏睡。”

⑦无明，痴妄、愚惑之意。郎主，主人公、主宰者。《大般涅槃经后分》卷上曰：“无明郎主，恩爱魔王，役使身心，策为僮仆。”为此文所本。

⑧**古人**：未详。耕云子《临济录摘叶钞》卷六疑为天台智者大师。《摩诃止观》卷四上曰：“当知邪僻空心，甚可怖畏。若堕此见，永沦长没，尚不能得人天涅槃，何况大般涅槃耶？”

⑨**他**：指无依之人。

⑩此世亲《大乘成业论》颂句：“由外发身语，表内心所思。譬彼潜渊鱼，鼓波而自表。”比喻道心活泼无住。

⑪指东划西、扬眉瞬目为动，舌拄上腭、湛然清净为不动。二者皆是“境”。

⑫此再申前文“四料简”之意。三种根器：指中下、中上、上上，禅宗不接下根学人。《景德传灯录》卷三《菩提达磨章》曰：“般若多罗告达磨曰：‘待吾灭后六十七

载，当往震旦设大法药，直接上根。'”

⑬**境、法**：前文“四料简”以“人”与“境”对，此处乃以“境”与“法”对。境为事境，即明暗、色空、山河大地等；法为理境，即禅道佛法、理致圣解等，二者皆属“四料简”之“境”。道忠《临济录疏瀹》卷四列表解之如下：

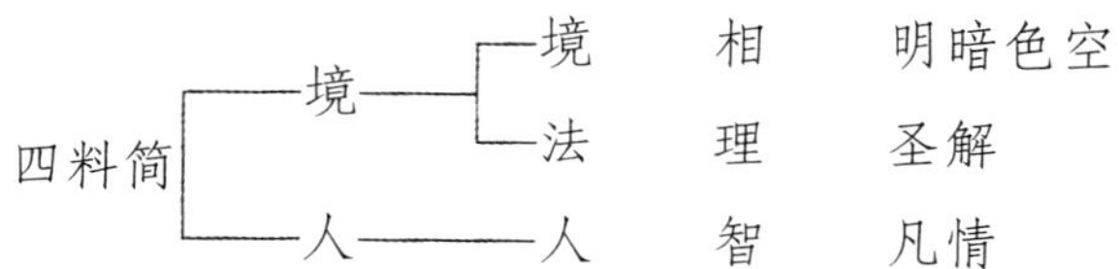

⑭**出格见解人**：超出以上三根见解者。

⑮**全体作用**：指不落言句。

⑯**眼定动**：《临济录疏瀹》卷四曰：“虽言定动，其意但在动，双语偏用，如急言急缓，害言利害类。”《碧岩录》第一则评曰：“眼目定动，不知落处。”

⑰上句为荷泽神会语，见宗密《禅源诸诠集都序》卷上引。下句见《传心法要》。此处用作对句。

⑱**钵囊**：行脚僧盛食物之器具。

⑲**屎担子**：即人的身体，禅家以五尺形骸为盛屎尿担子。

⑳**勿根株**：活泼不定，故无根无本无住处。

㉑此出于关南长老《获珠吟》：“拥之令聚而不聚，

拨之令散而不散。”见《景德传灯录》卷三十。

㉒此四句皆出三祖《信心铭》，“幻化”作“梦幻”，“空”作“虚”，见《景德传灯录》卷三十。

译文

“诸位学道人，显发真实的道心至为困难，佛法幽妙，深不可测，然而了会其意，还是相当容易的。我整天把这道理分明说破，可惜学道人未曾留意信受。他们千遍万遍在自己的脚底下踏过，心中暗昧如黑暗漫漫，其中却存在一个没有任何形状体段，自我闪耀着光辉的东西。只是学道人的自信不足，便向佛祖名句上理解发挥。年近半百，只顾拖着行尸走肉迈向邪道，挑着担子满天下走。这种人死了以后，阎罗王一定有向他索取草鞋钱的一天。

“诸位学道人，我说过向外没有佛法可求，学人误解了这一点，现在就转而向里寻觅，于是就面向着墙壁静坐，舌头顶着上腭，安然不动，误认为这就是祖师门下的佛法了。大错特错啦！假如你们认定不动清净之境是正法的话，你们实际上就是把无明烦恼认作自己的主人了。古人说：‘浓浓的黑暗深坑，实在令人恐怖畏惧。’说的就是这种情况啊。反之，你们若是认定动才是他无依道人的话，那么一切草木都会动，应该也是道啊。所以说动是四大中的风之性，不动是地之性，四大皆空，所以动与不动都无自性实体。你们若是向动的地方去把握它，它就站到不动的地方去；你们若是向不动的地方去把握它，它就站到动的地方去。就像那深渊中的游鱼，鼓动波浪跳跃自在。

“诸位学道人，动与不动，都是两种境。还是无所依恃的道人，时而用心于动，时而用心于不动，活脱自在。若是有各地的修行者来，我这里分作三种禀赋素质作不同的处理。如果是中下禀赋的学人来，我就夺掉他的境，而不去除他的法；若是中上根禀赋的学人来，我就境与法都夺；假若是上上禀赋的学人来，我就境、法、人三者都不夺；如果有超佛越祖见解的学人来，我在这里便作整体呈现，不论其禀赋气质如何。

“诸位学道人，到整体呈现时，学人着力之处是绵密而不可通风的，如同闪电或敲击石头时的火花一般瞬间即逝。学道人眼睛稍一转动，就跑得远远的不相干了。一思虑就有差别，一动念便会乖失。如果有人能够理解这一点，他就会发现大道就在眼前。

“诸位学道人，你们挑着钵盂袋和屎担子一样的形骸，走在邪道上求佛求法。就是现在这样奔走所追求的，你们还认识它是什么吗？那个东西活泼泼的，只是无根无本无住处，拥之不能聚集，拨之不会散乱。你越是去追求，它反而离你越来越远，当你不去追求时，它就在你的面前，那灵妙的声音充满在你的耳朵。若是有人不相信的话，一生修行都是徒劳。

“诸位学道人，是它在一刹那间便进入莲华藏世界，进入毗卢遮那国土，进入解脱国土，进入神通国土，进入清净国土，进入法界，进入秽土如同进入净土，进入凡夫的世界如同进入圣者的世界，进入饿鬼道、畜生道，我们处处搜讨寻觅，都不能发现它有生或死的痕迹，所见都是空名。‘梦里幻景、空中花影，何必徒劳去把捉；利害得失、是非善恶，都应一下子都抛弃。’

原典

“道流，山僧佛法，的的相承①，从麻谷②和尚、丹霞③和尚、道一④和尚、庐山⑤与石巩⑥和尚，一路行遍天下。无人信得，尽皆起谤。如道一和尚用处纯一无杂⑦，学人三百五百，尽皆不见他意；如庐山和尚自在真正，顺逆用处，学人不测涯际，悉皆忙然；如丹霞和尚玩珠隐显⑧，学人来者，皆悉被骂；如麻谷用处，苦如黄檗⑨，近皆不得；如石巩用处，向箭头上觅人⑩，来者皆惧。

“如山僧今日用处，真正成坏[11]，玩弄神变[12]，入一切境，随处无事，境不能换。但有来求者，我即便出看渠。渠不识我，我便着数般衣[13]。学人生解[14]，一向入我言句。苦哉！瞎秃子无眼人，把我着底衣，认青黄赤白[15]。我脱却，入清净境中，学人一见，便生忻欲。我又脱却，学人失心，忙然狂走，言我无衣。我即向渠道：‘你识我着衣底人否？’忽尔回头，认我了也。

“大德，你莫认衣。衣不能动，人能着衣。有个清净衣，有个无生衣、菩提衣、涅槃衣、有祖衣、有佛衣。大德，但有声名文句，皆悉是衣变[16]。从脐轮气海[17]中鼓激，牙齿敲磕，成其句义，明知是幻化。大德，外发声语业，内表心所法。以思有念，皆悉是衣。你只么认他着底衣为实解，纵经尘劫，只是衣通。三界循环，轮回生死，不如无事。‘相逢不相识，共语不知名。’[18]

“今时学人不得，盖为认名字为解。大策子[19]上抄死老汉[20]语，三重五重复子[21]裹，不教人见，道是玄旨，以为保重。大错！瞎屡生！你向枯骨上觅什么汁？有一般不识好恶，向教中取[22]意度商量，成于句义，如把屎块子向口里含了，吐过与别人。犹如俗人打传口令[23]相似，一生虚过。也[24]道‘我出家’，被他问着佛法，便即杜口无词，眼似漆突[25]，口如扁担[26]。如此之类，逢弥勒出世[27]，移置他方世界，寄地狱受苦。

“大德，你波波地往诸方觅什么物？踏你脚板阔。无佛可求，无道可成，无法可得。‘外求有相佛，与汝不相似。欲识汝本心，非合亦非离。’㉘

“道流，真佛无形，真道无体，真法无相，三法混融，和合一处。辨既不得，唤作忙忙㉙业识众生。”

注释

①**的的相承：**的的，通“嫡嫡”，谓嫡派亲传。

②**麻谷：**麻谷山宝彻禅师，马祖法嗣。传见《祖堂集》卷十五、《景德传灯录》卷七。

③**丹霞：**丹霞天然禅师（公元七三九—八二四年），石头法嗣。传见《祖堂集》卷四、《景德传灯录》卷十四。

④**道一：**马祖道一禅师（公元七〇九—七八八年），南岳法嗣，唐代禅学中兴（洪州禅）之祖。传见《祖堂集》卷十四、《景德传灯录》卷六。

⑤**庐山：**庐山归宗智常禅师，马祖法嗣。传见《祖堂集》卷十五、《景德传灯录》卷七。

⑥**石巩：**石巩慧藏禅师，马祖法嗣。传见《祖堂集》卷十四、《景德传灯录》卷六。此上乃自标为祖师禅正宗，示其法系。表列如下：

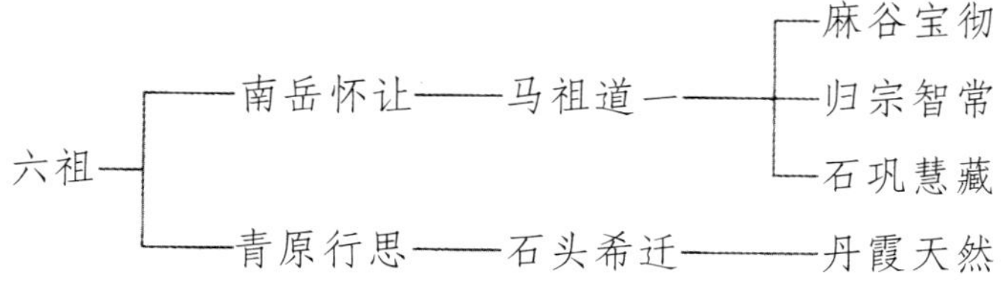

⑦此出马祖道一语："一切诸法皆等，纯一无杂。"（《四家语录》卷一）

⑧此出于丹霞《玩珠吟》："般若灵珠妙难测，法性海中亲认得。隐显常游五蕴中，内外光明大神力。"（《景德传灯录》卷三十）

⑨**黄檗**：木名，皮与根可入药。《本草纲目》卷三十五曰："黄檗根名檀桓，气味苦寒，无毒。"

⑩**向箭头上觅人**：此喻其机锋恶辣，即剑刃上求人之意。《景德传灯录》卷十四《三平义忠章》曰："初参石巩，石巩常张弓架箭，以待学徒。师诣法席，巩曰：'看箭。'师乃拨开云：'此是杀人箭？活人箭？又作么生？'巩乃扣弓弦三下，师便礼拜。巩云：'三十年一张弓两只箭，只射得半个圣人。'遂拗折弓箭。"

⑪**成坏**：即指成立、败坏、建立、扫荡中之二门。如临济接引人处，或着佛衣、祖衣而不舍一法，或杀佛、杀祖而不立一尘，乃是真正成坏。

⑫**玩弄神变**：此指接引学者手段之自由自在。

⑬**着数般衣**：此指应机接物，即下文清净衣、无生衣、菩提衣、涅槃衣、祖衣、佛衣等。

⑭**生解**：即上文“闲机境”之意。

⑮**青黄赤白**：此举四色以概括一切色，意谓学人随语生解，不得真法。

⑯**衣变**：有身体故有种种衣，而衣非身体。此指教中一切声名文句，皆如种种衣，非实体不变者。

⑰**脐轮气海**：即丹田，梵语发声方法之一。沈括《梦溪笔谈》卷十五曰：“梵学则喉、牙、齿、舌、唇之外，又有折、摄二声。折声自脐轮起至唇上发，如‘㖌’（浮金反）字之类是也。”

⑱此二句本于《南泉语要》，见《古尊宿语录》卷十二。

⑲**策子**：简册，僧人受教时常用以笔录和尚教语。惟俨禅师曰：“更有一般底只向纸背上记持言语，多被经论惑。我不曾看经论策子。”(《景德传灯录》卷二十八）

⑳**死老汉**：此斥骂无眼师家之语。

㉑**复子**：复通“袱”，游方僧人之包袱，长六尺，阔三尺。

㉒**取**：此字据入矢义高氏译注《临济录》疑为衍文。

㉓**打传口令**：以耳边密语辗转相传之游戏。《大慧语录》卷二十一曰：“如三家村里传口令，口耳传授，谓之

过头禅，谓之口鼓子禅。”

㉔**也：**虽然，唐末诗文中此例颇多，从入矢义高氏说。

㉕**眼似漆突：**漆突原指炉灶的烟囱，漆黑直突，此处比喻人的张眼突出之状。

㉖**口如扁担：**扁担一横如不说话时嘴唇之状，意谓哑口无言。

㉗**弥勒出世：**释迦牟尼佛灭后五十六亿七千万年后弥勒出生，说见《菩萨处胎经》卷二。

㉘此四句为印度西天第八祖佛陀难提尊者之偈，见《宝林传》卷一。

㉙**忙忙：**通“茫茫”。

译文

“诸位学道人，我所接受的佛法是正宗嫡传，从麻谷和尚、丹霞和尚、道一和尚、庐山和尚、石巩和尚下来，同一条路走遍天下。但是这条路却没有人能够相信，反而纷纷加以诽谤。例如道一和尚的宗风纯一无杂，门下四方学人三五百，都不能窥见他的真意；而如庐山和尚转变自在，顺逆纵横，作用无穷，学人不能探测其边际，个个都茫然如望大海；又如丹霞和尚玩弄智慧之珠，隐显自在，学人来求法，都被迎头痛骂；再如麻谷和尚的宗风，味道就像黄檗一样的苦涩，没有人能够靠近；又如石巩和尚的宗风恶辣，总是在箭头上测试学人，来者无一不感到恐惧。

“而现在我所用的方法，乃是真正的成立和破坏，自由自在的如游玩一般，进入于一切境界中，处处平安无事，外在的条件都不能左右。只要有来求法的人，我就出来看穿他的心思。他不能明白我的意思，我就穿上几套衣服。学道人就在这衣服的表象上生出见解，在我的言句上推量臆测。苦啊！瞎眼秃子无见识的人，执着于我穿的衣服，议论它是青色黄色或者红色白色。此时我把这些衣服都脱去，进入清净无染的境界中，学道人一看到，立刻便产生了羡慕欢喜之心。我又把这清净无染衣脱去，学道人一下又失去了主宰，茫然狂跑，说我没有佛法衣。这时我就对他们说：‘你们还认识我就是穿那衣服的人吗？’于是猛一回头，才认出了是我。

“诸位学道人，你们不要死盯着外衣。衣服自己不能决定动用，人却能够穿上各种衣服。衣服中有一种清净衣，有一种无生衣、菩提衣、涅槃衣、有祖衣、有佛衣。诸位学道人，只要有名称言句，都是与对象相应而穿上的外衣。从肚脐中鼓动气息，敲叩牙齿，发出声音，形成语言，这种东西显然是由空幻化成的。诸位学道人，发表在外的是声音语言，蕴含在内的是心的存在。因为有思虑所以起心念，然而这些都是外在的衣。你们这样执着于死认他穿着的衣服作真实的理解，纵然经过无限时间的修行，也只不过是对这些外衣的专家。免不了在三界中循环，在生死中轮回，不如安然无事。‘相逢不相认识，交谈不知姓名。’

“现在的学道人之所以不得正法，原因大概在于死认名称文句的解释。大本子上抄满了没有见解的师家的话，还小心地用四五层包袱裹藏好，为了不让别人看见，自以为是玄妙的奥义，当作秘籍珍藏保重。大错啦！瞎眼的家伙！你们想要在枯骨头上寻觅什么汁液？有一帮不识好歹的东西，总是在教理之中推量臆测，形成解释文字，这就好像是把屎块子在自己的口中含过了以后，再吐到别人的口中一样。犹如乡间传口令的游戏似的，一生虚度光阴。虽然说起来‘我是出家人’，但被他人问到佛法的时候，立即哑口无言，眼睛瞪着像烟囱，嘴巴紧闭像扁担。如这一帮家伙，即便是逢到弥勒佛出世，也注定要被转移到其他的恶世界中，寄生于地狱受一生的痛苦。

“诸位学道人，你们忙颠颠地满天下跑，寻觅什么东西？除了走得你们脚底板又平又阔以外，无一收获。用这种错误的方法，你们没有佛可以寻求，没有道可以

成就，没有法可以获得。‘在外求得有相的佛，和你的本心并不相似。若是想要认识你的本心，与真佛不相合也不相离。’

“诸位学道人，真正的佛没有形状，真正的道没有实体，真正的法没有相貌，这三者浑然相融，和合为一。对这三法为一不能体会的人，就叫作茫茫然的为宿业所缠的迷妄众生。”

原典

问："如何是真佛、真法、真道？乞垂开示。"

师云："佛者，心清净是；法者，心光明是；道者，处处无碍净光是。三即一，皆是空名，而无实有。如真正作道人，念念心不间断。自达磨大师[①]从西土来，只是觅个不受人惑底人。后遇二祖[②]，一言便了[③]，始知从前虚用功夫。山僧今日见处，与祖佛不别。若第一句中得，与祖佛为师[④]；若第二句中得，与人天为师；若第三句中得，自救不了[⑤]。"

注释

①**达磨大师：**印度西天第二十八祖，亦东土之初祖。传见《宝林传》卷八、《祖堂集》卷二、《景德传灯录》

卷三。

②**二祖：**慧可大师（公元四八七—五九三年）。传见《祖堂集》卷二、《景德传灯录》卷三。

③**一言便了：**《祖堂集》卷二载："达磨谓慧可曰：'为汝安心竟，汝今见不？'慧可言下大悟。"

④此处参见前文"临济三句"。

⑤**自救不了：**宝志《大乘赞》曰："广寻诸义纷纭，自救已身不了。"（《景德传灯录》卷二十九）为此文所本。

译文

（11）有人问："什么是真实的佛、真实的法、真实的道？请惠予指示。"

临济禅师回答说："佛，内心清净便是；法，内心光明便是；道，清净光遍照，处处通达便是。这三者就是一个，都是空幻的名称，而没有实体。如果是真正的修行者，念念之心打成一片而无间断。自从初祖达磨大师从印度来到这里，只是为了寻觅一个不受别人诳惑的人。后来遇见了二祖慧可，只一句话二祖便了悟，这才觉醒到从前的修行都是徒劳的努力。以我现在的见解来说，和祖佛没有什么区别。若是在第一句中悟得，可以成为祖佛的老师；若是第二句中悟得，可以成为人天的老师；若是第三句中才悟得，则自己都无法救自己。”

原典

问：“如何是西来意[①]？”

师云：“若有意，自救不了。”

云：“既无意，云何二祖得法？”

师云：“得者是不得[②]。”

云：“既若不得，云何是不得底意？”

师云：“为你向一切处驰求心不能歇。所以祖师言：‘咄哉！丈夫，将头觅头。’[③]你言下便自回光返照[④]，更不别求，知身心与祖佛不别，当下无事，方名得法。

“大德，山僧今时事不获已，话度[⑤]说出许多不才净[⑥]，你且莫错。据我见处，实无许多般道理。要用便用，不用便休。只如诸方说六度万行[⑦]，以为佛法。我道是庄严门、佛事门[⑧]，非是佛法。乃至持斋[⑨]持戒，擎油不洇[⑩]，道眼不明，尽须抵债，索饭钱有日在。何故如此？‘入道不通理，复身还信施。长者八十一，其树不生耳。’[⑪]乃至孤峰独宿，一食卯斋[⑫]，长坐不卧，六时行道[⑬]，皆是造业底人。乃至头目髓脑，国城妻子，象马七珍，尽皆舍施[⑭]，如是等见，皆是苦身心故，还招苦果。不如无事，纯一无杂。乃至十地满心菩萨[⑮]，皆求此道流踪迹，了不可得。所以诸天欢喜，地神捧足[16]，十方诸佛无不称叹。缘何如此？为今听法道人，用处无踪迹。”

注释

①**西来意：**指达磨大师从印度来中国之意图，实际上是问佛法或禅的根本意，故亦作“佛法大意”。此后这类问话成为定型。

②**得：**指自身主体之了悟。《传心法要》曰：“心即无心，得即无得。”又《维摩诘经》卷上《弟子品》曰：“夫说法者无说无示，其听法者无闻无得。”

③祖师，未详。“咄哉！丈夫”见《法华经》卷四《五百弟子品》；“将头觅头”见《楞严经》卷四。又《传心法要》有“不可将心更求于心”之语。道忠《临济录疏瀹》卷四谓此乃“临济代达磨述其大概意旨，非必祖师有此语”。

④**回光返照：**即反省、自觉之意。宝志《大乘赞》曰：“不得执他知解，回光返本全无。”

⑤**话度：**此当时俗语，即饶舌、多嘴之意。

⑥**不才净：**不堪材用、不洁净之意。

⑦**六度万行：**布施、持戒、忍辱、精进、禅定、智慧之六波罗蜜，指多种善行。《宛陵录》曰：“悟在于心，非关六度万行。六度万行，尽是化门接物度生边事。”

⑧**庄严门、佛事门：**指教化众生之手段、法门。从禅宗立场来看，乃属第二义之事。

⑨**持斋：**旧题达磨《破相论》曰："斋者齐也，所谓齐正身心，不令散乱；持者护也，所谓于诸戒行，如法护持。必须外禁六情，内制三毒，殷勤觉察，清净身心。了如是义，名为持斋。"又《释氏要览》卷上曰："佛教以过中不食为斋。"与下文"一食卯斋"同。

⑩**擎油不润：**事见《大般涅槃经》卷二十二《高贵德王菩萨品》。王敕一臣擎油钵在人群中走二十五里，不得倾弃一滴。此喻上文修行斋戒无阙漏者。

⑪此西土第十五祖伽那提婆尊者之偈，见《宝林传》卷三，后二句作"汝年八十一，此树亦无耳"。尊者游南天竺时，有一七十九岁之长者园树生大耳，其味甚美，唯长者与其第二子罗睺罗多取而食之，随取随生。尊者知其为宿因，乃昔日此父子供养之比丘转化而成，以返其债。此喻道眼不明者，现世劳而无功，来生尚须抵债。

⑫**一食卯斋：**此僧团规则，每日卯时（早晨）吃斋，午后禁止进食。《释氏要览》卷上《制一食》曰："如来以一食故，身体轻便，得安乐住。汝等比丘，亦应一食。一食故身轻便，得安乐住。"

⑬**六时行道：**一日中晨朝、日午、日没、初夜、中夜、后夜等六时向佛礼拜。旧题达磨《破相论》曰："昼

夜六时行道者，所谓六根之中，于一切时，常行佛道，修诸觉行，调伏六根，长时不舍，名为六时行道。”

⑭此释迦牟尼佛往生故事，即将自己肉体及财物做种种布施。《法华经》卷五《提婆品》曰：“为欲满足六波罗蜜，勤行布施，心无悋惜，象马七珍，国城妻子，奴婢仆从，头目髓脑，身肉手足，不惜躯命。此内财也，随有求者皆施与之。”

⑮**十地满心菩萨**：达到十地修行圆满之菩萨。

⑯**地神捧足**：传说释迦牟尼佛为修行而向雪山去时，地神恭敬捧足。

译文

（12）有人问：“什么是初祖达磨从西方来这里的意图？”

临济禅师回答说：“若是有什么意图的话，自己都无法救自己。”

又问：“既然没有意图，为什么二祖能够得法？”

师回答说：“所谓的‘得’就是什么也不得。”

又问：“既然说是不得，那这‘不得’又是什么意思呢？”

师回答说：“就是因为你们向一切所在奔竞寻求之心

不得停歇。所以祖师说：‘咄哉！男子汉大丈夫，为什么要做带着头向外寻找头的蠢事？’你们听了这句话，立刻回头返照自己，再不要向外觅求，就知道自己的身心和祖佛没有区别，当下无事安乐，这样才可说是得到了法。

“诸位学道人，我现在是出于万般无奈，多嘴多舌讲了这么许多既无用又不干净的话，你们且莫要弄错了。要是根据我的见解而言，实在没有那么许多烦琐的道理。你们想要用就用，不想要用就算啦。又如世间许多人说修六度万行，以为这就是佛法。照我说这些都是教化众生的修饰或辅助的手段，不是佛法的本领。乃至于严守戒律，其绵密的修行到达手擎油钵行走不洒一滴的程度，若是取法的眼力不明的话，以上种种都必须用来抵债，死了以后阎罗大王还要索取吃饭的钱。为什么会这样？有道是‘出家人入于佛道却不通达佛理，身死再生后还要偿还受施的债务。长者八十一岁的时候，还债的树才不生木耳’。乃至于在孤峰顶上独居，谨守一日一食的斋戒，长时间坐禅而不横卧，昼夜不分地修行佛道，这些都是痴迷的造业之人。乃至于将自己的头眼、髓脑，国城、妻子，象马以及七珍等贵重物品，全部都作为布施，像这样的态度和认识，因为都是困苦自己身心的缘故，所以还会招来困苦的报应。不如安然无事，纯粹单一无杂念。乃至于达到了十地修行圆满的菩萨，都来窥求此学道人的踪迹，完全不可得到。所以诸天神个个欢喜，地神也来捧足，十方的诸佛无不赞叹。为什么会这样？因为现在这里听我说法的你们诸位学道人，作用的时候无踪迹可寻。”

原典

问："'大通智胜佛[①]，十劫坐道场，佛法不现前，不得成佛道。'未审此意如何，乞师指示。"

师云："大通者，是自己于处处达其万法无性无相[②]，名为大通；智胜者，于一切处不疑，不得一法名为智胜；佛者，心清净，光明透彻法界，得名为佛；十劫坐道场者，十波罗蜜[③]是；佛法不现前者，佛本不生，法本不灭，云何更有现前？不得成佛道者，佛不应更作佛[④]。古人[⑤]云：'佛常在世间，而不染世间法。'

"道流，你欲得作佛，莫随万物。心生种种法生，心灭种种法灭。[⑥]一心不生，万法无咎。[⑦]世与出世，无佛无法，亦不现前，亦不曾失。设有者，皆是名言章句，接引小儿，施设药病，表显名句。且名句不自名句，还是你目前昭昭灵灵，鉴觉闻知照烛底，安一切名句。大德，造五无间业[⑧]，方得解脱。"

注释

①大通智胜乃佛名，此《法华经》卷三《化城喻品》之偈。参见《无门关》第九则。

②**无性无相**：内无自性可认，外无名相可得。

③**十波罗蜜**：上文六度之外，再加方便、愿、力、智四波罗蜜，合而为十。见《华严经》卷五《妙严品》。

④原来是佛，自无再做佛之理。

⑤**古人**：此指文殊菩萨，语见《如来庄严智慧光明入一切佛境界经》卷下之偈。

⑥此《大乘起信论》卷上语，即三界唯心之意。《传心法要》《赵州录》等禅籍亦多引用。

⑦此三祖《信心铭》句。

⑧**五无间业**：此乃堕于无间地狱之五大逆罪，临济则以之为名相，不拘此言句，方得真正解脱。其说本之《楞伽经》卷三。又百丈怀海禅师亦曰："菩萨行五无间，而不入无间地狱。他是圆通无间，不同众生五逆无间。"（《古尊宿语录》卷二）

译文

（13）有人问："'那个叫作大通智胜的佛，在十劫的长时间中于道场坐禅，佛法不在眼前出现，不得成就佛道。’不知道这话当中有什么意味，请求老师的指示。”

临济禅师回答说：“所谓大通，说的是自己在任何所在都明白万法无实体无相貌，称为大通；所谓智胜，说的是在任何境界中都不迷惑，在真空无相中不得一法，称为智胜；所谓佛，说的是自己的心清净，其光明辉耀透彻于十方世界，这才可以称作佛；所谓在十劫的长时间中于道场坐禅，说的是十波罗蜜善行；所谓佛法不在眼前出现，说的是佛本来就不生，法本来就不灭，更还有什么会在眼前出现呢？所谓不得成就佛道，说的是佛本来就是佛，当然不应该再做什么佛。古人说：‘佛常常在人世间，然而不受人世间法的污染。’

“诸位学道人，你们想要能够做佛，切莫要随着外缘外境转换。心念生则种种法生，心念灭则种种法灭。一心不生，一切都无过失。无论是世间还是出世间，既没有佛也没有法，既不出现在眼前，也不曾失去过。假如要说有的话，那都是名称言句，不过是逗弄小孩子的玩意儿，对付病症的药物，告示牌上的文句而已。况且名句不会自己给自己命名，还是现在我面前的，灵光明亮不昧，眼见耳闻照耀万物的你们诸位，给一切事物安付了名称。诸位学道人，你们造作了五无间业，方始能够得以解脱。”

原典

问："如何是五无间业？"

师云："杀父、害母、出佛身血、破和合僧[①]、焚烧经像[②]等，此是五无间业。"

云："如何是父？"

师云："无明是父。[③]你一念心，求起灭处不得，如响应空，随处无事，名为杀父。"

云："如何是母？"

师云："贪爱为母。你一念心入欲界中，求其贪爱，唯见诸法空相，处处无着[④]，名为害母。"

云："如何是出佛身血？"

师云："你向清净法界中，无一念心生解[⑤]，便处处黑暗[⑥]，是出佛身血。"

云："如何是破和合僧？"

师云："你一念心，正达烦恼结使[⑦]，如空无所依，是破和合僧。"

云："如何是焚烧经像？"

师云："见因缘空、心空、法空[⑧]，一念决定断，迥然无事，便是焚烧经像。

"大德，若如是达得，免被他凡圣名碍。你一念心，只向空拳指[⑨]上生实解，根境法[⑩]中虚捏怪[⑪]。自轻而退屈，言：‘我是凡夫，他是圣人。’秃屡生，有甚死急，披他师子皮，却作野干鸣[12]。大丈夫汉，不作丈夫气息，自家屋里物不肯信，只么向外觅，上他古人闲名句，倚阴博阳[13]，不能特达。逢境便缘，逢尘便执，触处惑起，自无准定。

“道流，莫取山僧说处，何故？说无凭据[14]，一期间图画虚空，如彩画像等喻[15]。

“道流，莫将佛为究竟[16]。我见犹如厕孔，菩萨罗汉尽是枷锁，缚人底物。所以文殊仗剑，杀于瞿昙[17]；鸯掘持刀，害于释氏[18]。

“道流，无佛可得，乃至三乘[19]、五性[20]、圆顿教[21]迹，皆是一期药病相治，并无实法。设有，皆是相似[22]，表显路布[23]，文字差排，且如是说。

“道流，有一般秃子，便向里许[24]着功，拟求出世之法。错了也！若人求佛，是人失佛；若人求道，是人失道；若人求祖，是人失祖。

注释

①**和合僧：**梵语 Saṃgha 之音译，指僧人三五成群共同修行者，亦可指比丘、比丘尼、优婆塞（男居士）、优婆夷（女居士）等四众弟子的教团。

②**焚烧经像：** 此罪《楞伽经》作“害罗汉”。《萨遮尼乾子受记经》卷四明五根本罪，第一根本罪即“破坏塔寺，焚烧经像，或取佛物、法物、僧物”。

③**无明是父：**“无明”是生死轮回的根源，故曰“父”。《十诵律》卷五十二《问杀事》曰:“问:‘颇有比丘杀母，得大福不得罪耶?’答:‘有。爱名为母，若杀，得大福，不得罪也。’问:‘颇有比丘杀父，得大福不得罪耶?’答：‘有。漏名为父，杀得大福，不得罪也。’”此所谓“杀父”，乃指杀无明父。

④**无着：** 无所贪着。“着”由贪爱所生，截断其着，名为“害母”。

⑤**无一念心生解：** 即无佛见法见，触处无心之意。

⑥**处处黑暗：** 即前文“暗头”“黑没焌地”之意。不生明暗之别，即黑漫漫的无佛与众生差别之见。否定“佛”名，故为“出佛身血”。

⑦**结使：** 为迷妄所结缠驱使之意，即烦恼之异名。《大智度论》卷七曰:“烦恼名一切结使。”

⑧**因缘空、心空、法空：** 因缘空指因缘所生之人、法俱空；心空指人心不生不起，性常清净，又称我空；法空指以佛法、涅槃为空。了达此上三空，则菩提涅槃等一切法皆空，故为“焚烧经像”。

⑨**空拳指：** 比喻凡圣等言句名相。

⑩**根境法：**即与人的六种感觉器官对应而生的种种现象。

⑪**捏怪：**计较安排之意。以上两句本于玄觉《证道歌》："亦愚痴，亦小呆，空拳指上生实解。执指为月枉施功，根境法中虚捏怪。"（《景德传灯录》卷三十）

⑫《长阿含经》卷十一记载野干欲效狮子吼为林中兽王，其声则为野干声。"欲学师子吼，而作野干鸣"，此处乃反用其语。既然身为狮子，何必反效野干之鸣？谓不自信之人向外做功夫。

⑬**倚阴博阳：**以阴阳变化而占断吉凶，乃计较卜度之手段。"博"当为"傅"之误，即附着之意。

⑭**说无凭据：**禅非言诠所及，故凡说法者皆应机接物，并无实体，故曰"无凭据"。

⑮**彩画像等喻：**此出于《楞伽经》卷一："譬如工画师，及与画弟子，布彩图众形。我说亦如是，彩色本无文。非笔亦非素，为悦众生故，绮错绘众像。"指师家随机说法，亦如画师随形图像。

⑯**究竟：**极则。

⑰**瞿昙：**梵语 Gautama 之音译，释迦牟尼之姓。文殊为佛弟子，执剑杀佛，乃不以佛为究竟，破有相佛。事见《宝积经》卷一〇五。

⑱**鸯掘持刀，害于释氏：**鸯掘，指鸯掘摩罗，梵语

Angulimālā 之音译，他原为外道，欲登王位，用千人拇指为华冠，已得九百九十九，唯欠一指，拟杀母取指。佛乃化作比丘在鸯掘前，鸯掘遂释母而欲杀佛，后皈依释尊。事见《鸯掘摩罗经》卷一。此处用其事而转换其义，与上句文殊杀佛意同。此语承百丈怀海而来："文殊云：'若起佛见法见，应当害己。'所以文殊执剑于瞿昙，鸯掘持刀于释氏。"(《古尊宿语录》卷二)

⑲**三乘：**指声闻乘、缘觉乘、菩萨乘，是化导众生得以解脱的三种方法、途径。

⑳**五性：**指声闻乘定性、缘觉乘定性、如来乘定性、不定性、无性。

㉑**圆顿教：**此大乘佛教之最高理念，不历阶程，直指本源，而达圆满具足之境。

㉒**相似：**《大智度论》卷六十曰："相似者，名字语言同而心义异。"

㉓**路布：**当作"露布"。原为檄文之别名，后演变为军中奏捷之捷报。《文心雕龙·檄移》曰："张仪檄楚，书以尺二，明白之文，或称露布。露布者，盖露板不封，播诸视听也。"《封氏闻见记》卷四曰："露布，捷书之别名也。诸军破贼，则以帛书建诸竿上，兵部谓之露布，盖自汉以来有其名。"

㉔**里许：**里面、内部之意，"许"为语尾辞。

译文

（14）有人问："什么是五无间业？"

师回答说："杀父、害母、出佛身血、破坏和合僧、焚烧佛经佛像等，这些就是五无间业。"

又问："父指的是什么？"

师回答说："无明就是父。你们的每一念之心，从何而起，从何而灭，求之不得，如同空中音响杳无踪迹，处处安然无事，这就叫作杀父。"

又问："母又指的是什么？"

师回答说："贪爱就是母。你们的每一念之心入于五欲界中，寻求那个贪爱之相，唯见空虚无实体，一切处皆无所贪着，这就叫作杀母。"

又问："怎样才是出佛身血？"

师回答说："你们向清净的圣的世界中时，无一念之心生出佛见法见，便处处黑暗平等，这就是出佛身血。"

又问："怎样才是破坏和合僧？"

师回答说："你们的每一念之心，都能了达烦恼的纠缠束缚，如同虚空一般无所依附，这就是破坏和合僧。"

又问："怎样才是焚烧佛经佛像？"

师回答说："彻见因缘空、心空、法空之理，一念之间便决定了断，超然独立，平安无事，这就是焚烧佛经佛像。

“诸位学道人，若是能够这样通达地看问题，就能避免被凡和圣的名称所妨碍。你们的念念之心只是向着空拳头、手指头上作实在的理解，在六根、六境、六识的世界中白白地妄想。自我轻贱，卑屈后退地说：‘我是凡夫俗子，他是圣人。’愚蠢的家伙，有什么事这样要死要活地着急，身上披着狮子皮，反而学作野干叫。男子汉大丈夫，不表现出大丈夫的气概，自己本来具有的东西不肯相信，反而一个劲儿地向外寻觅，执着于古人的没有意义的名称语句，臆测卜度，不能独立自主。逢到六境便攀缘，逢到六尘便执着，遇见任何处所都会生起迷惑，自己没有准则定见。

“诸位学道人，莫要把我的话囫囵吞下去，为什么呢？我的话没有任何典据，只是当下在虚空中描绘图画，如同画家随形涂彩而已。

“诸位学道人，莫要将佛看成是至高无上的。照我看来，佛也不过就像是粪坑，菩萨、罗汉都是枷锁，是束缚人的东西。所以文殊手执宝剑，要杀死佛陀；鸯掘摩罗手持大刀，想加害于释尊。

“诸位学道人，没有可以求得的佛，乃至于三乘教、五性各别教、圆顿一乘教的说法，都是当下的对症下药，完全没有什么实在的法。假设是有的话，也都是似是而非的布告公告，文字安排的东西，姑且就那么说吧。

“诸位学道人，有一帮秃子，便向这些公告文字之类的东西里面用功，想以此求得超出此世的真理。错了啊！若是有人求佛，那么此人就失去了佛；若是有人求道，那么此人就失去了道；若是有人求祖师，那么此人就失去了祖师。

原典

“大德，莫错！我且不取你解经论，我亦不取你国王大臣，我亦不取你辩似悬河，我亦不取你聪明智慧，唯要你真正见解。道流，设解得百本经论，不如一个无事底阿师。你解得，即轻蔑他人，胜负修罗，人我无明，长地狱业。如善星比丘[①]解十二分教，生身陷地狱，大地不容。不如无事休歇去，饥来吃饭，睡来合眼，愚人笑我，智乃知焉。[②]道流，莫向文字中求。心动疲劳，吸冷气[③]无益。不如一念缘起无生[④]，超出三乘权学[⑤]菩萨。

“大德，莫因循过日。山僧往日未有见处时，黑漫漫地。光阴不可空过，腹热心忙，奔波访道。后还得力[⑥]，始到今日，共道流如是话度。劝诸道流，莫为衣食。看世界易过，善知识难遇，如优昙花[⑦]时一现耳。

你诸方闻道有个临济老汉，出来便拟问难，教语不得。被山僧全体作用，学人空开得眼口，总动不得，懵然不知以何答我。我向伊道：‘龙象[⑧]蹴踏，非驴所堪。’你诸处只指胸点肋[⑨]，道‘我解禅解道’，三个两个，到这里不奈何。咄哉！你将这个身心，到处簸两片皮[⑩]，诳呼闾阎，吃铁棒有日在。非出家儿，尽向阿修罗界摄。

“夫如至理之道，非诤论而求激扬，铿锵以摧外道。至于佛祖相承，更无别意。设有言教，落在化仪[⑪]，三乘五性，人天因果。如圆顿之教[⑫]又且不然，童子善财，皆不求过[⑬]。

“大德，莫错用心，如大海不停死尸[⑭]。只么担却，拟天下走。自起见障，以碍于心。日上无云，丽天普照。眼中无翳，空里无花。[⑮]

“道流，你欲得如法，但莫生疑！展则弥纶法界，收则丝发不立。[⑯]历历孤明，未曾欠少。眼不见，耳不闻[⑰]，唤作什么物？古人[⑱]云：‘说似一物，则不中。’你但自家看，更有什么？说亦无尽，各自着力。珍重。”

注释

①**善星比丘：**“善星”亦书作“善宿”，梵语 Sunaksatra 之音译，见北本《涅槃经》卷三十二《迦叶菩萨品》。《血

脉论》《证道歌》并引及此事。

②此懒瓒和尚《乐道歌》句。

③**吸冷气**：指贪取讽诵文字，求其义解。《楞严经》卷八曰："贪习交计，发于相吸，吸揽不止，如是故有积寒坚冰于中冻冽，如人以口吸缩风气，有冷触生。"

④**缘起无生**：《宗镜录》卷三曰："夫境由心现，故不从他生；心籍境起，故不自生。心境各异，故不共生；相因而有，故不无因生。"

⑤**三乘权学**：以三乘为修行之历程，非大乘圆顿之旨，故为权宜之学。以上二句皆出《华严合论》卷一。

⑥**得力**：此唐代俗语，得他人之助力、庇佑之意。

⑦**优昙花**：即优昙钵罗花，梵语 Udumbara 之音译。此花三千年开一次，故多用以比喻难得稀有。《楞伽经》卷四曰："佛难值遇，如优昙钵花。"

⑧**龙象**：此《维摩诘经·不思议品》语，"龙象"为象中最上者。《祖庭事苑》卷一曰："今以钜禅硕师比之龙象。"

⑨**指胸点肋**：自高自大之貌。

⑩**簸两片皮**：指上下嘴唇颠动，即喋喋不休之意。

⑪**化仪**：为教化众生所施设之仪式、规范。

⑫**圆顿之教**：此大乘最高之教，不落化仪。一说指《华严经》。

⑬据《华严经·入法界品》载：善财童子向南方求道，历访一百一十城，向五十三位善知识问法。此处则从圆顿立场解释，谓其于至道之理并未求得。

⑭此大海八种德之一。《华严经》卷七十七《入法界品》曰："善知识者不受诸恶，譬如大海不宿死尸。"又见《贤愚经》卷四、南本《涅槃经·狮子吼菩萨品》等。《百丈广录》及《祖堂集》卷八《曹山和尚章》亦加以引用。"死尸"即喻指上文之言教。

⑮此处"日""眼"喻心性，"云""翳"指障碍，实即上文之"言教"。

⑯此出于牛头法融禅师（公元五九三—六五七年）之《绝观论》，《宗镜录》卷九十七引作"舒则弥游法界，卷则定迹难寻"。

⑰此出于旧题杯渡禅师《一钵歌》："眼不见，耳不闻，不见不闻真见闻。"（《景德传灯录》卷三十）

⑱**古人**：此南岳怀让禅师。语见《祖堂集》卷三及《景德传灯录》卷五。

译文

"诸位学道人，别弄错啦！我并不欣赏你们能够通经解论，也不欣赏你们是国王大臣，亦不欣赏你们辩论起来口若悬河，不欣赏你们的聪明智慧，我只期望你们有真正的见解。诸位学道人，即使你们能够解说上百部经论，也还不如一个平常无事的僧人。你们能够解说，便轻贱蔑视其他人，起了争胜的修罗之心，陷于人我对立的迷妄之中，增长落入地狱之业。例如善星比丘，他能够理解所有的佛陀教理，但肉身陷落于地狱，大地上没有其容身之处。真不如平常无事安稳休息，饿了就吃饭，困了便睡觉，愚蠢的人笑话我，智慧的人才理解。诸位学道人，莫要向文字中去寻求。求得用心疲劳，贪诵经文，如同吸缩冷气无所得益。还不如一念之间悟得缘起法界无生之理，超越以三乘为方便之说的菩萨。

“诸位学道人，莫要拖延浪费时光。我过去未曾开悟的时候，是一片混沌黑暗。想到光阴不可白白空过，腹中焦热，心里不安，于是奔波各地寻求正道。后来还是得到了帮助，这才到了现在，和诸位有了这么一番饶舌。奉劝诸位学道人，切莫为了衣食而劳神费心。这一生一世很容易过去，可是好老师难得遇见，就像三千年开一次的优昙花那样偶尔出现啊。你们诸位听说世间有个名叫临济的老汉，来到我面前便准备质问发难，想令我开口不得。被我以本体直接显现，教修行者目瞪口呆，说不出话来，茫茫然不知道怎样回答我是好。我就对他们说：‘巨象一蹴脚，驴马难承受。’你们到处骄傲地指胸点肋，夸口说‘我会得禅，我会得道’，三五成群地到我这里来，总叫你们一句话也说不出口。咄哉！你们带着这样的身心，到处摇唇鼓舌，走街串巷地哄骗他人，总有一天阎罗大王要请你们吃铁棒。这样的人不是出家者，都将被引入阿修罗的世界中。

“要说到佛教最高的道理，可不是辩论逞口舌以增长威势，或者是高声争胜以折服外道。至于历代佛祖相传承，也并没有什么特别的意思。假设有任何言句教义，也都是落于教化上的仪式规范，如三乘、五性，人间界、天上界的因果之中。若是大乘圆顿之教就不是这个样子了，所以善财童子向五十三位善知识求法问道，并未求得至道之理。

“诸位学道人，莫要错用了你们的心思，就像大海是不停宿死尸的。可你们却担着这死尸一般的言句教义，准备走遍天下。自己造成的障碍遮住了眼睛，妨碍了自己的本心。太阳上面没有云彩，悬在天上普照四方。眼睛里面本来无翳，虚空之中没有幻花。

“诸位学道人，你们想要得到真正的见解，就切莫起疑念！舒展开来充满宇宙，收缩起来丝发不存。明明白白的独照之心，什么东西也不缺少。眼睛看不见，耳朵听不到，那个东西叫作什么？古人说：‘说它像某一样东西，就不是它了。’你们还是自己去看看自家吧，除此以外，还有什么？说也说不完，你们各自好好努力吧。多多保重。”

3 勘辨

原典

勘辨[①]

黄檗因入厨次，问饭头[②]："作什么？"

饭头云："拣众僧米。"

黄檗云："一日吃多少？"

饭头云："二石五。"

黄檗云："莫太多么？"

饭头云："犹恐少在[③]。"黄檗便打。

饭头却举似[④]师。师云："我为汝勘这老汉。"

才到侍立次，黄檗举前话。师云："饭头不会，请和尚代一转语[⑤]。"师便问："莫太多么？"

黄檗云："何不道来日更吃一顿？"

师云："说什么来日，即今便吃。"道了便掌。

黄檗云："这风颠汉，又来这里捋虎须。"师便喝，出去。

后沩山[⑥]问仰山[⑦]："此二尊宿[⑧]意作么生？"

仰山云："和尚作么生？"

沩山云："养子方知父慈。"[⑨]

仰山云："不然。"

沩山云："子又作么生？"

仰山云："大似勾贼破家[⑩]。"

注释

①**勘辨：**禅僧之间互相问答，以勘验、辨别对方体悟、见解之深浅邪正。

②**饭头：**负责炊事之僧。僧明本《幻住庵清规》载饭头之责曰："观察时分之早晚，酌量食指之寡多，捡看米谷之精粗，分别水浆之清浊，撙节菜蔬之多少，顾虑柴薪之有无，乃至收藏、洗涤等，勿令秽污。"

③**在：**加强语气之句末助词。

④**似：**给、予之意。

⑤**转语：**转拨心机，启发学人恍然有悟之语。

⑥**沩山：**沩山灵祐禅师（公元七七一——八五三年），

与临济之师黄檗禅师同为百丈怀海法嗣。传见《祖堂集》卷十六、《景德传灯录》卷九。

⑦**仰山**：仰山慧寂禅师（公元八〇七—八八三年），沩山法嗣，与其师共开沩仰宗。师徒间关系密切，古有“沩仰父子”之称。传见《祖堂集》卷十六、《景德传灯录》卷十一。

⑧**尊宿**：对前辈禅僧之敬称。

⑨“子”指临济，“父”指百丈，意谓黄檗接得临济这样的弟子，方知道其师百丈之恩。

⑩**勾贼破家**：贼喻临济，黄檗“举前话”是“勾贼”；“破家”原指贼盗得财物，此处喻临济得其禅旨。

译文

（1）有一次黄檗到寺内厨房的时候，向饭头问道：“干什么呢？”

饭头回答说：“我在拣众位僧人的饭米。”

黄檗又问：“一天要吃多少米？”

饭头回答说：“二石五斗。”

黄檗说：“莫不是太多了吗？”

饭头说：“恐怕还少着呢。”黄檗听了便要打。

饭头退下又把这话说给临济禅师听。师对饭头说：

“我来为你勘验这老汉。”

才到黄檗的旁边站好，黄檗就举出先前讲过的话。师说：“饭头不理解这句话，请老师代为赐示一转语。”师于是就问：“莫不是太多了吗？”

黄檗回答说：“何不说明天再吃一顿？”

师说：“还要说什么明天，今天就吃。”说完便撩起一掌。

黄檗说：“这个疯癫汉，又到这里来捋虎须。”师便喝了一声，向外走去。

后来沩山问仰山说：“这二位尊宿的真意何在？”

仰山反问道：“和尚认为是怎样？”

沩山说：“养育了孩子才知道父亲的慈爱。”

仰山说：“不是这样。”

沩山说：“那么你又如何认为呢？”

仰山说：“很像是引贼入室，荡破家财。”

原典

师问僧：“什么处来？”僧便喝，师便揖坐。僧拟议，师便打。师见僧来，便竖起拂子。僧礼拜，师便打。又见僧来，亦竖起拂子。僧不顾，师亦打。

译文

（2）临济禅师问僧人：“你从什么地方来？”僧人便喝了一声，师就请他入座。僧人正要说些什么，师便打了他一下。师见到僧人前来，便竖起手中的拂子。僧人礼拜，师便打了他一下。又见到僧人前来，师也竖起了手中的拂子。僧人不看，师也打了他一下。

原典

师见普化[①]，乃云：“我在南方驰书到沩山时，知你先在此住，待我来。及我来，得汝佐赞。我今欲建立黄檗宗旨，汝切须为我成褫[②]。”普化珍重下去。

克符[③]后至，师亦如是道，符亦珍重下去。三日后，普化却上问讯[④]，云：“和尚前日道什么？”师拈棒便打下。

又三日，克符亦上问讯，乃问：“和尚前日打普化作什么？”师亦拈棒打下。

注释

①此段原本无。入矢义高氏据明版《古尊宿语录》增补，亦见载于《宗门统要集》卷五，兹从之。普化，马祖下三世、盘山宝积法嗣，后世普化宗之祖。出言无

度，常有惊世骇俗之举。传见《祖堂集》卷十七、《景德传灯录》卷十。

②**成褫**：入矢义高氏以为当作“成持”，即扶持长成之意。

③**克符**：即涿州纸衣和尚，传见《景德传灯录》卷十二。

④**问讯**：佛门之仪礼，以示问候之意。

译文

（3）临济禅师开始在临济院做住持时见到普化，说：“我在南方送信给沩山的时候，知道你先在此地住，等待我来。待到我来时，果然得到你的辅佐协助。我如今想要弘扬黄檗的宗旨，你务必要为我出一把力。”普化说了声“多多保重”便退下。

克符稍后上来，师也将这一番话对他说，克符也说了声“多多保重”便退下。三天以后，普化又上来向师问候，说：“和尚前几天说的是什么？”师抓过棒子打着追了出去。

又过了三天，克符也上来向师问候，并且问道：“和尚前几天打普化是为了什么？”师也抓起棒子打着追了出去。

原典

师一日同普化赴施主家斋[①]次，师问："'毛吞巨海，芥纳须弥'，[②]为是[③]神通妙用，本体如然[④]？"普化踏倒饭床。

师云："太粗生。"

普化云："这里[⑤]是什么所在，说粗说细。"

师来日又同普化赴斋，问："今日供养，何似昨日？"普化依前踏倒饭床。

师云："得即得，太粗生。"

普化云："瞎汉，佛法说什么粗细。"师乃吐舌[⑥]。

注释

①**施主家斋：**佛教信徒在家以食物供养僧侣。

②此二句本于《维摩诘经》卷六《不思议品》："若菩萨住是解脱者，以须弥之高广，入芥子中，无所增减，须弥山王本相如故。……又以四大海水入一毛孔，不娆鱼鳖鼋鼍水性之属，而彼大海本相如故。"

③**为是：**选择疑问词。

④此句出懒瓒禅师《乐道歌》，亦见苏溪和尚《牧护歌》，并载《景德传灯录》卷三十。

⑤**这里：**表面上指施主家斋席，实指佛法大意。佛

法大道无粗细之别。

⑥**吐舌**：惊讶之状，乃识法者之惧。《景德传灯录》卷六载百丈举马祖一喝，三日耳聋眼黑，黄檗闻举，不觉吐舌。

译文

（4）临济禅师有一天和普化一起到信徒家中赴斋席的时候，师问道："'一根毛发吞下大海，一粒芥子中容纳须弥山'，这是不可思议的神通力量的显现，还是本来体性就是这样？"普化一下便将饭桌踏倒。

师说："太粗鲁了。"

普化说："这里是什么地方，说什么粗啊细的。"

第二天，师又和普化共赴斋席，师问道："今天的供养，和昨天的比较起来怎么样？"普化还是照旧把饭桌踏倒。

师说："这样做好是好，就是太粗鲁了。"

普化说："瞎眼汉，佛法说什么粗啊细的。"师便吐了吐舌头。

原典

师一日与河阳、木塔①长老②同在僧堂地炉③内坐，因说：“普化每日在街市掣风掣颠[④]，知他[⑤]是凡是圣？”言犹未了，普化入来。

师便问：“汝是凡是圣？”

普化云：“汝且道，我是凡是圣？”师便喝。

普化以手指云：“河阳新妇子[⑥]，木塔老婆禅[⑦]，临济小厮儿[⑧]，却具[⑨]一只眼。”

师云：“这贼。”[⑩]

普化云：“贼！贼！”[⑪]便出去。

注释

①**河阳、木塔：**此二人生平不详。

②**长老：**《释氏要览》卷上：“长老,《长阿含经》云：有三长老，谓耆年长老(年腊多者)，法长老(了达法性，内有智德)，作长老(假号之者)。”

③**地炉：**僧堂中露地之炉。

④**掣风掣颠：**指疯疯癫癫、逸出常规之行为。

⑤**知他：**不知之意，“他”为助词。

⑥**新妇子：**指见解软弱之禅者。

⑦**老婆禅：**指叮咛慈悲乃至啰唆琐细之禅者。

⑧**小厮儿：**原指干粗活的男性奴仆，此处为蔑称，犹言小子、小和尚。

⑨**却具：**《祖堂集》卷十七作“只具”。

⑩**这贼：**贼原为掠夺他人财物者。今为执于迷者解其迷，为执于悟者去其悟，故喻之为“贼”，实乃赞赏禅者之禅机的褒语。

⑪**贼！贼：**意指贼中之贼，亦赞赏语。

译文

（5）有一天，临济禅师与河阳、木塔二位长老一起围坐在僧堂的地炉旁边的时候，说：“普化每天在大街闹市上疯疯癫癫的，不知他是凡夫还是圣者？”话还没有说完，普化就进来了。

师便问他说：“你是凡夫还是圣者？”

普化回道：“你倒说说看，我是凡夫还是圣者？”师便喝了一声。

普化以手指着三个人说：“河阳是新媳妇禅，木塔是老婆婆禅，临济这个小和尚，倒是别具一只眼。”

师说：“这个贼。”

普化说：“贼！贼！”说完便走了出去。

原典

一日，普化在僧堂前吃生菜[①]。师见云：“大似一头驴。”普化便作驴鸣。

师云：“这贼。”

普化云：“贼！贼！”便出去。

注释

①**生菜：**不熟之菜，故谓其似驴。《景德传灯录》卷十《普化章》作“生菜饭”。

译文

（6）有一天，普化在僧堂前吃着生菜。临济禅师看到了就说：“真像是一头驴。”普化马上就学作驴叫声。

师说：“这个贼。”

普化说：“贼！贼！”说完便走了出去。

原典

因普化常于街市摇铃云：“明头①来明头打，暗头②来暗头打，四方八面来，旋风③打，虚空来，连架④打。”

师令侍者⑤去，才见如是道，便把住云：“总不与么⑥来时如何？”

普化托开云：“来日大悲院⑦里有斋。”

侍者回举似师，师云：“我从来疑着这汉。”⑧

注释

①**明头：** 即“明”，“头”为语助词。指一切法历历呈现其形态之境地。

②**暗头：** 即“暗”，指超越判断、超越语言的境地。

③**旋风：** 俗称羊角，风之屈曲旋转如羖羊之角，即《庄子·逍遥游》中“抟扶摇羊角而上者九万里”。旋风打亦即不立一切境界。

④**连架：** 即连枷，古代打稻脱粒之用具。

⑤**侍者：** 随侍长老左右，应付日常杂事的修行僧。

⑥**与么：** 即那么，指上文明头、暗头、四方八面、虚空等。

⑦**大悲院：** 镇州寺院之名。

⑧此句意或褒或贬。

译文

（7）普化常常在大街闹市上摇铃而唱道：“明头出来夺其明头，暗头出来夺其暗头，四面八方出来，像旋风一样地夺，从虚空中出来，像连枷一样反复地夺。”

临济禅师命令侍者去，他才听到普化这么说，就一把抓住普化问道：“都不那么出来的时候怎样？”

普化突然推开侍者说：“明天大悲院里有斋席。”

侍者归来向老师报告，师说：“我一直就怀疑他不是个平常人。”

原典

有一老宿参师，未曾人事[①]便问：“礼拜即是，不礼拜即是？”师便喝，老宿便礼拜。

师云：“好个草贼！”

老宿云：“贼！贼！”便出去。

师云：“莫道无事好。”

首座侍立次，师云：“还有过也无？”

首座云：“有。”

师云：“宾家[②]有过，主家[③]有过？”

首座云：“二俱有过。”

师云：“过在什么处？”首座便出去。

师云：“莫道无事好。”

后有僧举似南泉[④]，南泉云：“官马相踏。”[⑤]

注释

①**人事：**与人初见面时的行礼。

②**宾家：**此指老宿。

③**主家：**此指临济师。

④**南泉**：未详。《祖堂集》卷十六、《景德传灯录》卷八有南泉普愿禅师（公元七四八—八三四年）传，乃马祖法嗣，其年代早于临济，故非此处之“南泉”。

⑤**官马相踏**：官马为骏马，此指彼此旗鼓相当、并无优劣，乃褒美师及首座之语。

译文

（8）有一个老和尚前来参拜临济禅师，还没有行礼问候便问道：“向你礼拜好，还是不向你礼拜好？”师便喝了一声，老和尚于是就礼拜。

师说：“好一个毛贼！”

老和尚说：“贼！贼！”说完就走了出去。

师说：“莫要说无事就行了。”

当时首座在旁边侍立，师问道：“先前的问答中还有没有过失啊？”

首座答道：“有。”

师又问道：“是客人有过失，还是主人有过失？”

首座说：“两人都有过失。”

师问道：“过失在什么地方？”首座便走了出去。

师说：“莫要说无事就行了。”

后来有个僧人把这件事说给南泉和尚听，南泉说：

“骏马和骏马相追逐。”

原典

师因入军营[①]赴斋，门首见员僚[②]。师指露柱问："是凡是圣？”员僚无语。

师打露柱云："直饶道得，也只是个木橛。”便入去。

注释

①**军营：**此指当时河北的军队居处。

②**员僚：**将军幕下之将校、僚属。一说指守门的卫士。

译文

（9）临济禅师入军营赴斋席，在门口见到了幕僚。师指着露柱问道：“这是凡夫还是圣者？”幕僚都没有说话。

师敲打着露柱说：“就算是回答出来了，也只是一根木棒。”说完便进去了。

原典

师问院主[①]："什么处来？"

主云："州中粜[②]黄米[③]去来。"

师云："粜得尽么？"

主云："粜得尽。"[④]

师以杖面前画一画，云："还粜得这个[⑤]么？"主便喝，师便打。

典座[⑥]至，师举前语。典座云："院主不会和尚意。"

师云："你作么生？"典座便礼拜，师亦打。[⑦]

注释

①**院主：** 寺内的事务总长，古称院主，后改称监寺。《释氏要览》卷下："监者，总领之称。所以不称寺院主者，盖推尊长老。"

②**粜：** 卖米谷。

③**黄米：** 米之一种，又称黄糯，可酿酒。《本草纲目》卷二十三曰："秫字篆文象其禾体柔弱之形，俗呼糯粟是矣。北人呼为黄糯，亦曰黄米，酿酒劣于糯也。"

④此句谓一切卖尽，即指心中无一物之意。

⑤**这个：** 貌指所画之一画，实指人人本具之佛性。

⑥**典座：** 禅院六知事之一，主管炊事。

⑦此“礼拜”之举与院主之喝不同，“师亦打”乃是以毒攻毒之意。

译文

（10）临济禅师问院主：“从什么地方来？”

院主答道：“从州府卖黄米回来。”

师又问：“都卖得完吗？”

院主说：“都卖得完。”

师拿起手杖在眼前画了一画，问道：“那么也能卖得了这个吗？”院主便喝了一声，师随即打了他一下。

其后典座也来到这里，师把这些话又说了一遍。典座说：“院主不明白老师的真意。”

师问道：“你会怎么样？”典座立刻做礼拜，师也打了他一下。

原典

有座主①来相看次，师问：“座主讲何经论？”

主云：“某甲荒虚②，粗习《百法论》③。”

师云：“有一人④于三乘十二分教明得，有一人于三乘十二分教明不得，是同是别？”

主云：“明得即同，明不得即别。”⑤

乐普[⑥]为侍者，在师后立，云："座主，这里是什么所在，说同说别。"

师回首问侍者："汝又作么生？"侍者便喝。

师送座主，回来遂问侍者："适来是汝喝老僧？"

侍者云："是。"师便打。

注释

①**座主**：讲经论之僧。

②**荒虚**：此为谦词，荒疏虚昧之意。

③**《百法论》**：即《大乘百法明门论》，古印度世亲撰，唐玄奘译，解释唯识学之基本理念，乃法相宗之重要典籍。

④**一人**：指修禅的人，此处亦含有"我"的意思。

⑤**明得……即别**：临济之"明得"乃知道明与不明相同之理，"明不得"则为不知明与不明相同之理，而座主是就一般意义上理解"明得"与"明不得"。

⑥**乐普**：或写作"洛浦"，即澧州乐普山元安禅师（公元八三四—八九八年），夹山善会法嗣。善会嗣华亭船子，船子嗣药山惟俨，惟俨嗣马祖大寂。传见《祖堂集》卷九、《景德传灯录》卷十六。

译文

（11）有个座主来会面的时候，临济禅师问道：“座主讲授哪一种经论？”

座主回答说：“鄙人荒疏浅薄，粗略地学习过《大乘百法明门论》。”

师又问道：“有一个人对于三乘十二分教的一切教义都能贯通，另一个人对于这一切教义都不能贯通，这两个人是相同的还是有差别的？”

座主答道：“能够贯通就是同，不能贯通就是不同。”

当时乐普是侍者，站在师的后面，插话道：“座主，你想想这里是什么地方，说什么相同的差别的。”

师回头问侍者：“你又会怎么样？”侍者便喝了一声。

师送座主出去，回来便问侍者：“刚才可是你对我喝了一声？”

侍者说：“是的。”师随即打了他一下。

原典

师闻第二代德山①垂示②云：“道得也三十棒③，道不得也三十棒。”师令乐普去问：“道得为什么也三十棒？待伊打汝，接住棒送一送，看他作么生。”

普到彼，如教而问。德山便打，普接住送一送，德山便归方丈。普回举似师，师云："我从来疑着这汉。虽然如是，汝还见德山么④？"普拟议，师便打。

注释

①**第二代德山：**即朗州德山古德禅院之宣鉴禅师（公元七八〇—八六五年），龙潭崇信法嗣。当时有"临济喝，德山棒"之称。传见《祖堂集》卷五、《景德传灯录》卷十五。第一代德山为潭州三角山总印禅师，马祖法嗣。

②**垂示：**向门下大众示法，亦称示众。

③**三十棒：**此三十未必是实数。

④此句乃问可曾见到德山之禅境、意图。德山归方丈，乃是全体作用，难测际涯。

译文

（12）临济禅师听说第二代德山和尚的训示："说得出来也吃三十棒，说不出来也吃三十棒。"于是就命令乐普去问德山："说得出来为什么也要吃三十棒？等到他要打你的时候，你接住那根棒往前送一送，看他怎么样反应。"

乐普到了德山处，按照临济禅师的教导发问。德山便要打他，乐普接住棒往前送了一送，德山回到他的方丈去了。乐普归来后做了报告，师说：“我一直就怀疑他不是一个平常的人。虽然是这样，你究竟有没有明白德山呢？”乐普正想要说，师随即打了他一下。

原典

王常侍一日访师，同师于僧堂前看，乃问：“这一堂僧还看经么？”

师云：“不看经。”

侍云：“还学禅么？”

师云：“不学禅。”

侍云：“经又不看，禅又不学，毕竟作个什么？”

师云：“总教伊成佛作祖去。”

侍云：“金屑虽贵，落眼成翳①，又作么生？”

师云：“将为你是个俗汉。”②

注释

①此为当时俗语。《景德传灯录》卷七《兴善惟宽禅师章》载师与白居易曰：“如人眼睛上，一物不可住，金屑虽珍宝，在眼亦为病。”

②**将为你是个俗汉：**将为，又写作“将谓”，想要说之意。此句是对王常侍的肯定，隐含了“实际却如此伶

俐”之意。

译文

（13）有一天，王常侍来访问临济禅师，和师一起在僧堂前观看，乃问道：“这一堂的僧人还阅读佛经吗？”

师回答说：“不读佛经。”

王常侍又问：“那么还坐禅吗？”

师回答说：“不坐禅。”

常侍说：“经也不读，禅又不坐，那到底做些什么呢？”

师回答说：“都让他们去成佛作祖。”

常侍说：“黄金屑虽然宝贵，掉在眼里就起病，这又会怎么样？”

师说：“想要说你是个俗汉。”

原典

师问杏山[①]：“如何是露地白牛[②]？”

山云：“吽！吽[③]！”

师云：“哑那？”

山云：“长老作么生？”

师云：“这畜生。”[④]

注释

①**杏山：** 涿州杏山鉴洪禅师，云岩昙晟（公元七八一—八四一年）法嗣。传见《景德传灯录》卷十五。或作“木口”，乃“杏”字之讹。

②**露地白牛：** 此喻见《法华经·譬喻品》。露地为佛地，指脱离生死火宅之境地；白牛为佛乘，能引车救人济物。

③**吽！吽：** 牛鸣之声。

④**这畜生：** 白牛为佛乘，杏山作牛鸣之意乃在“我即白牛”，故临济此骂意在去其法执，恢复牛之畜生原形。

译文

（14）临济禅师问杏山：“怎样是露地的白牛？”

杏山就“哞！哞！”地叫了两声。

师说：“哑巴了吗？”

杏山说：“你又怎么样呢？”

师说：“这个畜生。”

原典

师问乐普云：“从上来，一人行棒，一人行喝，阿哪个亲[①]？"

普云："总不亲。"

师云："亲处作么生？"普便喝，师乃打。

注释

①**阿哪个亲**："阿"为词头，可用于疑问代词前。此句实际上问哪一人与"道"更为亲近。

译文

（15）临济禅师向乐普问道："从过去直到现在，有一个人用棒，有一个人用喝，哪一个人与道更为亲近？"

乐普回答说："都不亲近。"

师又问道："那么怎样的表现才是亲近呢？"乐普便喝了一声，师乃打了他一下。

原典

师见僧来，展开两手。僧无语。师云："会么？"

云："不会。"

师云："浑仑[①]擘不开，与汝两文钱[②]。"

注释

①**浑仑：**即浑沦。《列子·天瑞篇》曰："浑沦者，言万物相浑沦而未相离也。"喻钝暗不开窍。

②**两文钱：**即买草鞋钱。令此僧速去游方访道之意。

译文

（16）临济禅师见僧人前来，便将两手展开。僧人默然无语。师问道："明白吗？"

僧人说："不明白。"

师说："浑沦开不了窍，给你两文草鞋钱。"

原典

大觉[①]到参，师举起拂子，大觉敷坐具[②]。师掷下拂子，大觉收坐具，入僧堂。众僧云："这僧莫是和尚亲故，不礼拜又不吃棒。"

师闻，令唤觉。觉出，师云："大众道，汝未参长老。"

觉云："不审！"便自归众。

注释

①**大觉：** 住魏府大觉寺和尚。宋版《景德传灯录》作黄檗法嗣，元版以下并作临济法嗣，未可确定。

②**坐具：** 梵语 Niṣīdana 的音译，亦称“随坐衣”，僧人用以护衣、护身、护床席卧具的布巾，亦可作为礼拜时的用具。

译文

（17）大觉前来参见，临济禅师竖起手中的拂子，大觉铺好做礼拜用的坐具。师又将拂子扔下，大觉便将坐具收好，进入僧堂中。众位僧人见此问道：“这僧人莫不是和尚亲戚的缘故，未做礼拜又没有挨棒打。”

师听到这话后，叫人把大觉喊来。大觉出来后，师对他说：“大家都说，你刚才见到我时没有向我参拜。”

大觉便说：“您好！”说完就回到众人之中。

原典

赵州[①]行脚时参师。遇师洗脚次，州便问：“如何是祖师西来意？”

师云：“恰值[②]老僧洗脚。”州近前，作听势。

师云："更要第二杓恶水泼在？"州便下去。

注释

①**赵州：** 即赵州观音院从谂禅师（公元七七八—八九七年），南泉普愿法嗣。传见《祖堂集》卷十八、《景德传灯录》卷十。此段对话，《赵州语录》作临济问，赵州答。

②**恰值：** 正巧、适逢。此句字面上是赵州来问，恰遇老僧洗脚，实际上是以答非所问而呈现"祖师西来意"。此为第一勺恶水。

译文

（18）赵州行脚的时候参见临济禅师。正巧师在洗脚，赵州便问："什么是祖师达磨从印度来此的用意？"

师回答说："正碰上我在洗脚。"赵州走近前来，做出倾听的样子。

师说："还想要我给你泼第二勺污水吗？"赵州就这样退了下去。

原典

有定上座[①]到参，问："如何是佛法大意？"师下绳床[2]，擒住与一掌，便托开。

定伫立[3]傍。僧云："定上座何不礼拜？"定方礼拜，忽然大悟。

注释

①**定上座**：临济法嗣，生平不详。《碧岩录》第三十三则记载，临济寂后，他曾向岩头、雪峰、钦山三人传说临济言句。

②**绳床**：坐具，亦称为"胡床""交床"。王观国《学林》卷四曰："绳床者，以绳贯穿为坐物，即俗谓之交椅之属是也。……古人称床榻，非特卧具也，多是坐物。"

③**伫立**：茫然呆站之状。此为"大疑现前"之阶段，故其后"方礼拜"便"忽然大悟"。

译文

（19）有位定上座前来参见，问道："什么是佛法的根本意思？"临济禅师从禅座上走下来，抓住他就给了一巴掌，随即推开去。

定上座茫然呆站着。旁边的僧人说："定上座为什么不礼拜呢？"定上座正在做礼拜，忽然间大悟。

原典

麻谷到参，敷坐具，问："十二面观音①，阿哪面正？"

师下绳床，一手收坐具，一手㧙麻谷云："十二面观音，向什么处去也？"麻谷转身，拟坐绳床。②师拈拄杖打。③麻谷接却，相捉入方丈。

注释

①**十二面观音：**顶上十一面加本面，共为十二面。《佛祖历代通载》卷九记梁武帝诏张僧繇写宝志像，"僧繇下笔辄不自定，既而以指厘面门，分披出十二面观音，妙相殊丽，或慈或威"。观音面原无旁正之分，麻谷此问乃为勘验临济。

②此麻谷拟自己作十二面观音状。

③此逢佛杀佛、绝凡绝圣之意。

译文

（20）麻谷前来参见，铺好礼拜用的坐具，问道："十二面观音，哪一面是正面？"

临济禅师从禅座上走下来，一只手收起麻谷的坐具，另一只手揪住麻谷问道："十二面观音，走到什么地方去了？"麻谷一转身，想要坐上师的禅座。师抓起拄杖就朝麻谷打去。麻谷用手挡住，互相拉扯着进入方丈之中。

原典

师问僧："有时一喝如金刚王宝剑[①]，有时一喝如踞地金毛师子[②]，有时一喝如探竿影草[③]，有时一喝不作一喝用[④]。汝作么生会？"僧拟议，师便喝。

注释

①《楞严经》卷四曰："体性坚凝，如金刚王，常住不坏。"此喝乃指以般若智见截断知解情量、名相言句。《碧岩录》第七十三则评唱曰："释迦老子，说一代时教，末后单传心印，唤作金刚王宝剑，唤作正位。"

②此喝乃指学人欲测度师家深浅，或呈小机小见，即振威喝夺之，如狮子一吼，众兽闻风丧胆。《碧岩录》第七十二则曰："狮子捉物，藏牙伏爪，踞地返掷，物无大小，皆以全威，要其全功。"

③**探竿影草：**探竿，将鹈鸟羽毛缚于竹竿顶端，伸进水中，鱼怖惧则聚于一处；影草，割草浮于水上，鱼

喜欢潜隐其下。此皆渔夫聚鱼之手段，便于以网取之。此喝乃指勘验学人或师家，以测其深浅真伪。

④此喝包含前三喝，而又超越之。以上四喝皆根据其作用而分。

译文

（21）临济禅师问僧人："有时一声喝如同金刚王宝剑一般可怕，有时一声喝如同匍匐捕物的金毛狮子一般威猛，有时一声喝如同渔夫的探竿影草一般诱惑，有时一声喝不作一声喝使用。你怎么样来理解？"僧人正想说些什么，师便喝了一声。

原典

师问一尼："善来，恶来？"[①]尼便喝。

师拈棒云："更道！更道！"尼又喝，师便打。[②]

注释

①**善来，恶来：**"善来"乃原始佛教中释尊对新入门者的称呼。《增一阿含经》卷十五《高幢品》记迦叶语曰："若称'善来比丘'，即成沙门。""恶来"乃临济师当下由"善来"而引发出的诙谐语。

②第一喝为好喝，故临济师拈棒赏之；再勘时，此尼又喝，则为无变通，故师打而罚之。

译文

（22）临济禅师问一位尼师："是善的样子来，还是恶的样子来呢？"尼师便喝了一声。

师抓起棒子说："再说！再说！"尼师又喝了一声，师便用棒子打下。

原典

龙牙[①]问："如何是祖师西来意？"

师云："与我过禅板[②]来。"牙便过禅板与师，师接得便打。

牙云："打即任打，要且无祖师意。"

牙后到翠微[③]，问："如何是祖师西来意？"

微云："与我过蒲团[④]来。"牙便过蒲团与翠微，翠微接得便打。

牙云："打即任打，要且无祖师意。"

牙住院后，有僧入室请益[⑤]，云："和尚行脚时，参二尊宿因缘，还肯他也无？"

牙云："肯即深肯，要且无祖师意[⑥]。"

注释

①**龙牙：**即湖南龙牙山妙济禅院之居遁禅师（公元八三五—九二三年），洞山良价法嗣。传见《祖堂集》卷八、《景德传灯录》卷十七。

②**禅板：**亦称“倚板”，乃僧人坐禅疲劳时倚靠休息之用具。

③**翠微：**即长安终南山无学禅师，丹霞天然法嗣。传见《祖堂集》卷五、《景德传灯录》卷十四。

④**蒲团：**以蒲草编成之圆垫，乃僧人坐禅和跪拜时的用具。

⑤**请益：**原出《论语·子路篇》，禅家借用之，表示进一步受教。

⑥**要且无祖师意：**禅板与蒲团皆日常之物，随手用来表示祖师意，乃二尊宿施方便法门，使学人自己领会。就二物本身而言，仅是“祖师意”之象征，故曰“无祖师意”。

译文

（23）龙牙问：“什么是祖师达磨从印度来此的用意？”

临济禅师说：“你给我把禅板递过来。”龙牙就把禅板递过给师，师接过来就打。

龙牙说：“要打就任你打，总归是没有祖师的用意。”

龙牙后来去到翠微处，问：“什么是祖师达磨从印度来此的用意？”

翠微说：“你给我把蒲团递过来。”龙牙就把蒲团递过给翠微，翠微接过来就打。

龙牙说：“要打就任你打，总归是没有祖师的用意。”

龙牙做了寺院的住持以后，有一个僧人入室请教，问道：“和尚行脚时，向两位老师参禅的那段因缘，您还同意他们吗？”

龙牙说：“同意是完全同意，不过总归是没有祖师的用意。”

原典

径山[1]有五百众，少人参请。黄檗令师到径山，乃谓师曰：“汝到彼作么生？”

师云：“某甲到彼，自有方便[2]。”

师到径山，装腰[3]上法堂[4]，见径山。径山方举头，师便喝。径山拟开口，师拂袖便行。

寻有僧问径山：“这僧适来有什么言句，便喝和尚？”

径山云：“这僧从黄檗会里[5]来，你要知么，自问取他。”径山五百众，太半分散。

注释

①**径山**：山名，在浙江省杭州府，宋代有能仁兴圣万寿寺，为临济禅兴盛之中心，大慧、虚堂、佛鉴禅师均为有名的住持。与临济同时的住持姓名不详。

②**方便**：勘辨之手段。

③**装腰**：游方时的装束。

④**法堂**：住持说法之所，为禅寺之中心建筑。临济不释旅装即上法堂，惊动径山门下五百众。

⑤**会里**：即门下。

译文

（24）径山有五百僧人之多，参禅的人却非常少。黄檗命令临济禅师去径山，乃对师说道：“你到了那里怎么样做？”

师回答说：“我到了那儿，自有办法的。”

师到了径山以后，未脱游方的装束便登上法堂，见到了径山和尚。径山刚刚抬起头，师就喝了一声。径山正准备开口说话，师一甩袖子就走了。

过了一会儿，有个僧人问径山：“这个和尚刚才说了什么话，就对和尚喝了一声？”

径山回答说：“这个僧人是从黄檗门下来的，你要想知道的话，自己去问他好了。”径山的五百僧人，有一大半离开了那里。

原典

普化一日于街市中就人乞直裰①，人皆与之，普化俱不要。师令院主买棺一具，普化归来，师云：“我与汝做得个直裰了也。”

普化便自担去，绕街市叫云：“临济与我做直裰了也，我往东门迁化去。”市人竞随看之。

普化云：“我今日未，来日往南门迁化去。”如是三日，人皆不信。

至第四日，无人随看，独出城外，自入棺内，倩路行人钉之。即时传布。市人竞往开棺，乃见全身脱去②。只闻空中铃响，隐隐③而去。

注释

①**直裰**：禅僧之法衣。《敕修百丈清规》卷五《办道具》曰：“相传前辈见僧有偏衫而无裙，有裙而无偏衫，遂合二衣为直裰。然普化索木直裰，大阳传革履布裰，

古亦有矣。”

②**全身脱去：**全身脱棺而去，即棺中无尸。

③**隐隐：**铃声幽远之意。

译文

（25）普化有一天在大街闹市中向人乞讨布施僧衣，人人都布施给他，可是普化都不接受。临济禅师命令院主买了一具棺材，等普化归来的时候，师对他说：“我给你做了一套僧衣啦。”

普化于是就自己把棺材挑去，绕着街市大声地叫着：“临济给我做了一套僧衣，我要到东门去死啦。”街上的人都竞相地跟着他去看。

普化看那么多人来凑热闹，马上改口说：“我今天不想死了，明天换到南门再死吧！”这样连续做了三天，人们都不相信他了。

到了第四天，没有一个人跟在后面看，于是普化独自走出城外，自己钻到棺材里面，请路边的行人把盖子钉好。这个事情立刻传遍开来，街上的人争先恐后地赶去揭开棺材，看见棺材中空空荡荡，根本就没有普化的影子。只听到空中有铃声回响，隐约幽远，渐渐而去。

4 行录

原典

行录[1]

师初在黄檗会下[2]，行业纯一[3]。首座[4]乃叹曰：“虽是后生，与众有异。”遂问：“上座在此多少时？”

师云：“三年。”

首座云：“曾参问也无？”

师云：“不曾参问，不知问个什么。”

首座云：“汝何不去问堂头和尚[5]，如何是佛法的的大意[6]？”师便去问，声未绝，黄檗便打。

师下来，首座云：“问话作么生？”

师云：“某甲问声未绝，和尚便打，某甲不会。”

首座云：“但更去问。”

师又去问，黄檗又打。如是三度发问，三度被打。师来白首座云："幸蒙慈悲，令某甲问讯和尚。三度发问，三度被打。自恨障缘[⑦]，不领深旨，今且辞去。"

首座云："汝若去时，须辞和尚去。"师礼拜退。

首座先到和尚处，云："问话底后生，甚是如法，若来辞时，方便接他，向后穿凿[⑧]成一株大树，与天下人作阴凉[⑨]去在。"

师去辞，黄檗云："不得往别处去，汝向高安滩头大愚[⑩]处去，必为汝说。"

师到大愚。大愚问："什么处来？"

师云："黄檗处来。"

大愚云："黄檗有何言句？"

师云："某甲三度问佛法的的大意，三度被打，不知某甲有过无过？"

大愚云："黄檗与么老婆心切，为汝得彻困[⑪]。更来这里，问有过无过！"

师于言下大悟，云："元来黄檗佛法无多子[⑫]。"

大愚搊住云："这尿床鬼子[⑬]，适来道有过无过，如今却道黄檗佛法无多子。你见个什么道理？速道！速道！"

师于大愚胁下筑[⑭]三拳。大愚托开，云："汝师黄檗，非干我事。"

师辞大愚，却回黄檗。黄檗见来，便问："这汉来来去去，有什么了期？"

师云："只为老婆心切。"便人事了，侍立。

黄檗问："什么处去来？"

师云："昨奉慈旨，令参大愚去来。"

黄檗云："大愚有何言句？"师遂举前话。

黄檗云："作么生得这汉来，待痛与一顿。"

师云："说什么待来，即今便吃。"随后便掌⑮。

黄檗云："这风颠汉，却来这里捋虎须。"师便喝。

黄檗云："侍者，引这风颠汉参堂去。"

后沩山举此话问仰山："临济当时得大愚力⑯，得黄檗力？"

仰山云："非但骑虎头，亦解把虎尾。"⑰

注释

①**行录：**行状实录，记录某人一生行迹。

②**会下：**即门下，亦称"会里"。

③**行业纯一：**行迹作业打成一片，纯粹无杂，亦即后文首座所赞"问话底后生，甚是如法"之义。

④**首座：**据《联灯会要》卷八载，此首座即陈尊宿睦州道踪（公元七八〇—八七七年）。

⑤**堂头和尚：**禅寺的住持，此处指黄檗禅师。

⑥**佛法的的大意：**佛法之究极意、深奥意。

⑦**障缘：**指过去的恶业对现在修行的妨碍。

⑧**穿凿：**教示、锻炼之意。

⑨**阴凉：**覆荫清凉之义。北本《涅槃经》卷十四《圣行品》曰："若诸众生住是佛树阴凉中者，烦恼诸毒悉得消灭。"

⑩**高安滩头大愚：**高安在江西省瑞州府，唐属洪州，此指大愚和尚，归宗智常法嗣。生平不详。

⑪**彻困：**精疲力竭之意。一说指解除困惑而叮咛慈悲。

⑫**无多子：**直截了当、简单容易之意，与前文"实无许多般道理"意近。

⑬**鬼子：**原为谩骂小儿语，此处是对小僧的爱称。

⑭**筑：**打、击之意。

⑮此掌即所谓"临济打爷拳"，参看《无门关》第二则《百丈野狐》。

⑯得……力，即得某某助力，受某某之益。

⑰此谓临济各得二尊宿之益。虎头、虎尾分指黄檗、大愚。

译文

（1）临济禅师当初在黄檗门下的时候，修行的态度纯粹专一。首座因此感叹地说：“这个人虽然年轻，却与众僧不同。”便问道：“你在这里有多少时间了？”

师回答说：“有三年了。”

首座又问：“有没有向和尚参问过？”

师回答说：“不曾参问过，也不知该问什么。”

首座说：“你为什么不去问一下堂头和尚，什么是佛法的根本意？”师就去了，话还没有问完，黄檗便一棒打了下来。

师回来后，首座问道：“问话怎么样？”

师回答说：“我的话还没有问完，和尚就打了过来，我实在不明白。”

首座说：“你再去问。”

师又去问，黄檗又打。就这样三次发问，三次挨打。师就来对首座说：“承蒙您的慈悲关怀，要我去向和尚参问。然而我三次发问，三次挨打。自己恨自己过去的恶因缘障碍，使我不能领悟深意，今日暂且告辞离开这里。”

首座说：“你如果要离开的话，应该去向和尚告辞。”师礼拜退下。

首座先一步到了黄檗和尚处，说："先前来参问的年轻人是相当不错的，若是他来告辞，请适当给予指导接引，将来琢磨成一棵大树，可以给天下的人覆荫清凉呢。"

师去向黄檗告辞，黄檗对他说："你不要到其他地方去，你到高安滩头的大愚和尚那里，他一定会说给你听的。"

师来到大愚和尚处。大愚问道："从哪里来？"

师回答说："从黄檗那里来。"

大愚又问："黄檗是怎样教你的？"

师回答说："我三次问佛法的根本大意，三次被打，不知道我自己有过错还是没有过错？"

大愚说："黄檗这样老婆婆似的慈悲心，为了引导你，弄得精疲力竭。还要你到我这里来，问什么有过错无过错的！"

师听到这个话，一下子就彻底省悟了，说："原来黄檗的佛法就是这样的直接明白啊。"

大愚揪住师说："你这个尿床的小鬼，刚才还说有过错无过错，现在又说黄檗的佛法就是这样直接明白。你究竟看出了什么道理？快说！快说！"

师就对着大愚的胁下打了三拳。大愚推开师，说："你的老师是黄檗，不关我的事。"

师辞别了大愚，回到了黄檗山。黄檗和尚见到了临济禅师，就问："你这汉子一会儿来一会儿去的，什么时候才有个结束？"

师回答说："只是为了老婆婆似的慈悲心。"说完了便问候礼拜，在黄檗身边侍立。

黄檗问道："从何处来到这里？"

师回答说："先前奉了您的指示，从参见大愚那里回来。"

黄檗又问："大愚说了些什么？"师遂将先前的问答复述了一遍。

黄檗说："怎么样把那家伙弄这儿来，让我狠狠地给他一顿。"

师说："说什么等到以后，现在就吃一顿。"说完就是一巴掌。

黄檗说："这个疯疯癫癫的家伙，却跑到我这里来捋虎须。"师便喝了一声。

黄檗说："侍者，快把这疯疯癫癫的家伙带到参堂去。"

后来沩山举出这段话来问仰山："临济当时究竟是得到了大愚的帮助，还是得到了黄檗的帮助？"

仰山回答说："不仅骑上了虎头，而且压住了虎尾。"

原典

师栽松次[①]，黄檗问:“深山里栽许多作什么? ”

师云:“一与山门作境致，二与后人作标榜。”道了将䦆头打地三下。

黄檗云:“虽然如是，子已吃吾三十棒了也。”师又以䦆头打地三下，作嘘嘘[②]声。

黄檗云:“吾宗到汝，大兴于世。”

后沩山举此话问仰山:“黄檗当时只嘱临济一人，更有人在? ”

仰山云:“有，只是年代深远，不欲举似和尚。”

沩山云:“虽然如是，吾亦要知。汝但举看。”

仰山云:“一人[③]指南，吴越令行，遇大风[④]即止。”

谶风穴和尚也。[⑤]

注释

①此段《碧岩录》第三十八则有评。

②嘘嘘: 象声词，前人作慢慢吐气或长啸解，误。

③一人: 此指临济下三世南院惠颙禅师(卒于公元九五〇年左右)。

④大风: 预言临济下四世风穴延沼禅师(公元八九六—九七三年)之出世，临济宗至风穴禅师而大兴

于世。

⑤此六字当为圆悟《碧岩录》语，后人取以作注，非原文所有。

译文

（2）临济禅师栽种松树的时候，黄檗问道："深山里面种这么多松树做什么？"

师回答说："一来是为了在寺院旁边增添些景致，二来也给后人留个标记。"说完就用锹打了地面三下。

黄檗说："虽然如此，你已经吃了我三十棒啦。"师又拿起锹打了地面三下，口里发出嘘嘘的声音。

黄檗说："我这一宗传到了你这一代，将会大大兴盛于世。"

后来沩山举出这段话来问仰山："黄檗当时是把希望寄托在临济一人身上，还是另外有什么人？"

仰山回答说："有的，只是因为年代久远，我不准备举出来给和尚听。"

沩山说："虽然如此，我还是想要知道。你不妨说说看。"

仰山说："有人指着南方，命令去吴、越之地弘法，遇到大风就停止。"（这里是预言临济宗至风穴和尚而大兴于世。）

原典

师侍立[①]德山次，山云："今日困。"

师云："这老汉，寐语作什么？"山便打，师掀倒绳床，山便休。

注释

①**侍立：**此处实指相见。

译文

（3）临济禅师站立在德山旁边的时候，德山说："今天我困了。"

师说："这老家伙，说什么梦话？"德山就打了师一下，师于是就把德山坐禅的椅子给掀翻了，德山这才罢休。

原典

师普请[①]锄地次，见黄檗来，拄䦆而立。黄檗云："这汉困那？"

师云：“钁也未举，困个什么。”黄檗便打，师接住棒，一送送倒。

黄檗唤：“维那[②]！维那！扶起我。”

维那近前扶，云：“和尚争容得这风颠汉无礼？”黄檗才起，便打维那。

师钁地云：“诸方火葬，我这里一时活埋。”

后沩山问仰山：“黄檗打维那，意作么生？”

仰山云：“正贼走却，逻踪人[③]吃棒。”

注释

①**普请：** 师家与僧人共同作务。《敕修百丈清规》卷六曰：“普请之法，盖上下均力也。……除守寮、直堂、老病外，并宜齐赴，当思古人‘一日不作，一日不食’之诫。”《大宋僧史略》卷上亦曰：“共作者谓之普请。”

②**维那：** 梵语 Karma-dāna 之译，僧院中维持纲纪之僧，“凡僧事内外者，无不掌之”（《敕修百丈清规》卷四）。

③**逻踪人：** 追捕盗贼之人。此句谓绝对否定之“正贼”临济安泰无恙，而无眼之维那却遭棒罚。

译文

（4）临济禅师与众位僧人一起锄地的时候，见到黄檗来了，便竖起锹站在那里。黄檗说："这家伙累了吗？"

师回答说："镢头都没有举起来过，有什么好累的。"黄檗就一棒打了过来，师一把接住了棒，往前一送就将黄檗送倒了。

黄檗唤道："维那！维那！快把我扶起来。"

维那走近前来扶黄檗，说："和尚怎么能容忍这样疯疯癫癫的家伙的无礼？"黄檗才站起来，就朝维那打去。

师拿锹挖着土地说："世间都是火葬，我这里是同时活埋。"

后来沩山问仰山："黄檗打维那，用意在什么地方？"

仰山说："盗贼主犯逃走了，捕捉者挨罚棒。"

原典

师一日在僧堂前坐，见黄檗来，便闭却目。黄檗乃作怖势，便归方丈。师随至方丈，礼谢。首座在黄檗处侍立，黄檗云："此僧虽是后生，却知有此事。"①

首座云："老和尚脚跟不点地②，却证据③个后生。"黄檗自于口上打一掴④。

首座云："知即得。"⑤

注释

①此句为肯定临济之语，亦欲以勘验首座。

②**脚跟不点地**：脚不踏实地之意。

③**证据**：印可、确认之意。

④此自悔失言之举。《禅林类聚》卷三此下多“却是老僧罪过”六字。

⑤此段见出黄檗接引临济之婆心，以及首座禅锋之冷严。

译文

（5）有一天，临济禅师在僧堂前面坐着，见到黄檗来了，就把眼睛闭上。黄檗就作出一副恐怖吓人的样子，随后回到自己的方丈中。师跟着一直到了方丈，行礼致谢。首座在黄檗旁边站立着，黄檗对他说：“这个僧人虽然年轻，却知道有祖宗门下这件事。”

首座回答说：“老和尚脚跟不着地，却印可这样一个年轻的僧人。”黄檗就自己朝嘴巴上打了一个耳刮子。

首座说：“知道就行了。”

原典

师在堂中睡。黄檗下来见，以拄杖打板头[①]一下。师举头见是黄檗，却睡。黄檗又打板头一下，却往上间[2]。见首座坐禅，乃云："下间后生却坐禅，汝这里妄想作什么？"

首座云："这老汉作什么？"黄檗打板头一下，便出去。

后沩山问仰山："黄檗入僧堂，意作么生？"

仰山云："两彩一赛。"[3]

注释

①**板头：**僧堂下间长连床之板。

②**上间：**僧堂之上席与下席。僧堂东向，故北为上间，南为下间。

③**两彩一赛：**彩为优胜意，赛为比赛意，"两彩"指临济打睡，首座坐禅，皆为强者。一本作"一彩两赛"，不可为据。

译文

（6）临济禅师在僧堂中睡觉。黄檗下来看到了，就用拄杖在坐禅板上打了一下。师抬头看到是黄檗，还是睡。黄檗又打了一下坐禅板，就往上席走去。见到首座正在坐禅，就说："下席有个年轻的僧人正在坐禅，你在这里一个劲儿地妄想做什么？”

首座反问道：“你这老家伙在做什么？”黄檗打了一下坐禅板，就走了出去。

后来沩山问仰山：“黄檗到僧堂去那件事，究竟该怎么看？”

仰山说：“一场比赛两次获胜。”

原典

一日普请次，师在后行，黄檗回头，见师空手，乃问：“镢头在什么处？”

师云：“有一人[①]将去了也。”

黄檗云：“近前来，共汝商量个事[②]。”师便近前。

黄檗竖起镢头云：“只这个[③]，天下人拈掇[④]不起。”

师就手掣得，竖起云：“为什么却在某甲手里？”

黄檗云：“今日大有人普请[⑤]。”便归院。

后沩山问仰山：“镢头在黄檗手里，为什么却被临济夺却？”

仰山云：“贼是小人，智过君子。”[⑥]

注释

①**一人：**此处指无位真人本具之佛性。

②**个事：**表面上指“镬头”，实际上指本具之佛性。

③**这个：**表面上亦指“镬头”，实际指人人具有之佛性。

④**拈掇：**本指用手估量轻重，此处“拈掇不起”指佛性为言诠所不及。

⑤**大有人普请：**普请本为佛法商量，亦可因以见学者之志。“大”乃修饰、强调“有”之意。“人”指临济。

⑥贼比喻为临济师，乃赞赏之语。君子比喻为黄檗禅师。黄檗手中镬头指人人本具之佛性，临济手中固然也有，“掣得”“夺却”即隐含此意，在他夺镬之一瞬间便已有了临济禅机。

译文

（7）有一天众位僧人一起耕地的时候，临济禅师走在后面，黄檗回过头，看见师空着手，就问道：“你的锹在什么地方？”

师回答说：“被一个人拿走了。”

黄檗说：“你到我跟前来，我要和你商量个事儿。”师就走上前去。

黄檗竖起手中的锹说：“就这个东西，天下的人掂量不出它的轻重。”

师随手就把锹夺了过来，竖起来说：“为什么现在却在我的手中？”

黄檗说：“今天大有人问法。”说完便回了寺院。

后来沩山问仰山：“锹在黄檗的手里，为什么却被临济夺走了？”

仰山回答说：“这就叫盗贼虽是小人，智慧胜过君子。”

原典

师为黄檗驰书去沩山，时仰山作知客[①]，接得书便问：“这个是黄檗底，那个是专使底？”师便掌，仰山约住，云：“老兄知是般事，便休。”同去见沩山。

沩山便问：“黄檗师兄多少众？”

师云：“七百众。”

沩山云：“什么人为导首[②]？”

师云：“适来已达书了也。”

师却问沩山：“和尚此间多少众？”

沩山云：“一千五百众。”

师云：“太多生。”

沩山云：“黄檗师兄亦不少。”

师辞沩山。仰山送出云：“汝向后北去，有个住处。”

师云：“岂有与么事？”[③]

仰山云：“但去，已后有一人佐辅老兄在。[④]此人只是有头无尾，有始无终。[⑤]”

师后到镇州，普化已在彼中。师出世[⑥]，普化佐赞于师。师住未久，普化全身脱去。

注释

①**知客：**禅院中负责接待宾客者。《敕修百丈清规》卷四曰：“知客，职典宾客。凡官员、檀越、尊宿、诸方名德之士相过者，香茶迎待，随令行者通报方丈，然后引上相见。”

②**导首：**首座，众僧之首。

③此句为谦辞。

④此句预言普化和尚将辅佐临济建立黄檗宗旨。参照前文勘辨。

⑤此句谶普化先于临济师而死。

⑥**出世：**此指出世进行教化活动，即为一寺住持之意。

译文

（8）临济禅师为黄檗送信去沩山，当时仰山负责接待宾客，收到了这封信就问道：“这个是黄檗和尚的，哪个是使者的呢？”师就一巴掌打过去，仰山捉住了他的手，说：“老兄如此明白，就不用说什么了。”于是一起去见沩山。

沩山就问道：“黄檗师兄那儿有多少僧人？”

师回答说：“七百来个僧人。”

沩山又问道：“什么人是众僧之首？”

师回答说：“刚才来送信的便是。”

师转而问沩山：“和尚这里有多少僧人？”

沩山回答说：“一千五百人左右。”

师说：“太多了吧。”

沩山说：“黄檗师兄那儿也不少啊。”

师告辞了沩山。仰山送他出去时说：“老兄此后往北方去，那儿一定有个很好的住所。”

师说：“哪里会有这么好的事？”

仰山说：“你只管前去，以后一定会有一个人辅佐老兄的。只是这个人有头无尾，有始无终。”

后来师到了镇州，普化已经先在那儿了。师出任临济院住持的时候，普化就辅佐他。师为住持不久，普化便全身蝉蜕而去。

原典

师因半夏[①]上黄檗，见和尚看经。师云："我将谓是个人，元来是揞黑豆[②]老和尚。"住数日，乃辞去。

黄檗云："汝破夏来，不终夏去？"

师云："某甲暂来礼拜和尚。"黄檗遂打，趁令去。师行数里，疑此事[③]，却回终夏。

师一日辞黄檗，檗问："什么处去？"

师云："不是河南，便归河北。"黄檗便打，师约住，与一掌。

黄檗大笑，乃唤侍者："将百丈先师禅板机案来。"[④]

师云："侍者，将火来[⑤]！"

黄檗云："虽然如是，汝但将去，已后坐却天下人舌头去在[⑥]。"

后沩山问仰山："临济莫辜负他黄檗也无？"

仰山云："不然。"

沩山云："子又作么生？"

仰山云："知恩方解报恩。"[⑦]

沩山云："从上古人，还有相似底也无？"

仰山云："有，只是年代深远，不欲举似和尚。"

沩山云："虽然如是，吾亦要知，子但举看。"

仰山云："只如楞严会上阿难赞佛云：'将此深心奉尘

刹，是则名为报佛恩。’[8]岂不是报恩之事？”

沩山云：“如是如是。见与师齐，减师半德；见过于师，方堪传授。”[9]

注释

①**半夏：**当指六月一日。禅院将四月十五日至七月十五日三个月称为夏，亦称夏安居。在此期间僧人禁止出入，专心修行。若犯此禁，称为“破夏”。

②**揞黑豆：**“揞”为摩弄之意，《景德传灯录》作“唵”，乃以手掬物进于口中之貌，皆可通。“黑豆”喻经卷文字。

③“疑”乃觉察到禅门向上之大事，故而却回。《临济录疏瀹》卷五曰：“虽言疑而却回，然无一事可问黄檗者。窃惟临济一宗光大于末世，实系此一疑矣。”

④百丈，指洪州百丈山怀海禅师（公元七二〇—八一四年），黄檗之师，传见《祖堂集》卷十四、《景德传灯录》卷六。据《碧岩录》第六十八则载：“百丈当时以禅板、蒲团付黄檗，拄杖、拂子付沩山。”禅板乃百丈付法之信证，如传衣之类。

⑤**将火来：**意在烧毁舍弃禅板几案。此临济报黄檗师恩，即好儿不使爷钱之意。

⑥此句谓以后建立法幢，天下人若议其自谓得黄檗

印可，无以为证时，可出此信物以止天下人议论。

⑦**知恩方解报恩：**入矢义高氏谓此乃当时格言，见敦煌写本《太公家教》。临济师单传心印，欲火几案，实欲报黄檗之深恩。

⑧此《楞严经》卷三阿难赞佛之偈句。深心，即悲、智二心，从深理生，故曰深心。奉尘刹，乃化度众生，此为报佛恩。

⑨据《碧岩录》第十一则载，此数句为百丈禅师语。

译文

（9）有一年逢夏安居之半的时候，临济禅师上了黄檗山，见到黄檗和尚正在读佛经。师就说："我还一直以为你是个人物，原来不过是个吃黑豆的老和尚。"住了没几天，就告辞下山。

黄檗说："你破坏了夏安居的规则而来，又不等到夏安居结束就走吗？"

师说："我现在暂且向和尚致礼辞别。"黄檗于是就打着将师赶了出去。师行走了几里后，觉得此事可疑，于是又回到黄檗处，直到夏安居结束。

这一天，师去向黄檗告辞，黄檗问道："你要到哪儿去？"

师回答说：“不是去河南，就是回河北。”黄檗就一下子打了过来，师一只手挡住，另一只手就给黄檗一巴掌。

黄檗哈哈大笑，于是唤侍者：“把百丈先师的禅板和几案拿过来。”

师立即说：“侍者，快把火拿来！”

黄檗说：“虽然是这么说，你还是把这两样东西拿去，以后可以抵住天下人的舌头，免得他们乱加议论。”

后来沩山问仰山：“临济这样做，莫不是辜负了黄檗的期待？”

仰山说：“不是这样的。”

沩山问道：“那么你是怎么看的呢？”

仰山回答说：“临济是知道了老师对他的恩惠，这样做是为了报答师恩。”

沩山又问道：“从前的古人当中，可有和这件事相似的例子没有？”

仰山答说：“有啊，只是年代相隔久远，我不准备举出来给和尚听。”

沩山说：“虽然是这样，我也还是想要知道，你不妨举举看。”

仰山回答说：“就拿楞严法会上阿难赞叹佛的话来说吧！‘带着这个深心侍奉尘世众生，这才真正叫作报答佛的恩惠。’这难道不是报答恩惠的事情吗？”

沩山说：“是这样是这样。弟子的见识与老师同等，只达到老师的一半品德；弟子的见识超过老师，才能具备接受传法的资格。”

原典

师到达磨塔头①，塔主②云：“长老，先礼佛，先礼祖？”

师云：“佛祖俱不礼。”③

塔主云：“佛祖与长老是什么冤家？”师便拂袖而出。

注释

①**达磨塔头：**中国禅宗初祖达磨之墓所，在河南省熊耳山定林寺。“塔头”指高僧入寂后，其弟子慕师德，在塔顶构筑小庵而住，其后乃称大寺院中别坊之名。

②**塔主：**寺院之守塔僧。

③**佛祖俱不礼：**此临济不住佛祖位中之意，即以自身为活佛祖。不礼佛祖乃是礼真佛祖。

译文

（10）临济禅师来到达磨的墓所，守塔的僧人问道：

“长老是先礼拜佛还是先礼拜祖师？”

师回答道：“佛与祖师都不礼拜。”

守塔的僧人又问道：“佛与祖师和长老有什么冤仇？”师一甩袖子就走了出去。

原典

师行脚时到龙光[①]。光上堂，师出问云：“不展锋铓，如何得胜？”光据坐。

师云：“大善知识，岂无方便？”

光瞪目云：“嗄[②]！”

师以手指云：“这老汉，今日败阙也[③]。”

注释

①**龙光**：唐代以“龙光”为名号之僧有三人，此不可确定。

②**嗄**：示威之声，亦像刀剑切物之声。

③龙光此前未展锋芒，不存胜负之心。后来瞠目而“嗄”，其声如雷，已展锋芒，故临济谓其“今日败阙也”。

译文

（11）临济禅师行脚的时候到了龙光的所在。龙光登上法堂，师站出来问道：“不展示锋芒，如何获得胜利？”龙光安然而坐。

师说：“大善知识，难道没有变通吗？”

龙光瞪起眼睛说：“嗄！”

师用手指着龙光说：“这个老家伙，今天失败啦。”

原典

到三峰[①]。平和尚问曰：“什么处来？”

师云：“黄檗来。”

平云：“黄檗有何言句？”

师云：“金牛昨夜遭涂炭，直至如今不见踪。”[②]

平云：“金风吹玉管，哪个是知音？”[③]

师云：“直透万重关，不住清霄内。”[④]

平云：“子这一问[⑤]太高生。”

师云：“龙生金凤子，冲破碧琉璃。”[⑥]

平云：“且坐，吃茶。”

又问：“近离甚处？”

师云：“龙光。”

平云：“龙光近日如何？”师便出去。

注释

①**三峰**：即三峰平和尚，传记未详。《景德传灯录》卷十六载月轮和尚曾谒三峰和尚，不知是否此僧。

②此二句指黄檗佛法不曾留言句踪迹，乃不立一尘一法之境界。涂炭指泥火炉。

③金风，秋风；玉管，玉制之笛管。比喻黄檗宗风之严峻清高。下句谓何人契其妙唱、会其宗旨。

④此二句谓临济听彻黄檗曲调，然而不住其曲调之内，乃是其真知音。清霄，指黄檗宗旨。

⑤**问**：实指问答。

⑥“龙”比黄檗，“金凤子”为临济自比。龙当生龙子，却生金凤子，此乃不传之传。“碧琉璃”乃凤卵，或曰指碧天苍苍如琉璃，与上文“清霄”重复。

译文

（12）到了三峰山。住持平和尚问道：“从什么地方来？”

临济禅师回答说：“从黄檗那儿来。”

平和尚又问：“黄檗和尚说了些什么？”

师回答说：“金牛昨晚被泥火炉熔化，直到现在还无影无踪。”

平和尚说:“秋风吹响玉笛管，不知哪个是知音?”

师说:“知音者冲破万重关，不住在九天云霄中。”

平和尚说:“你这一问答太高啦。”

师说:“龙生下的金凤凰儿，冲破了碧琉璃般的卵。”

平和尚说:“请坐下喝茶。”

又问道:“你这回是从哪里来?”

师回答说:“从龙光那儿来。”

平和尚说:“龙光那儿最近怎么样?”师就走了出去。

原典

到大慈[①]，慈在方丈内坐。师问:“端居丈室时如何?”

慈云:“寒松一色千年别，野老拈花万国春。”[②]

师云:“今古永超圆智体[③]，三山[④]锁断万重关。”慈便喝，师亦喝。

慈云:“作么?”师拂袖便去。

注释

①**大慈:**指杭州大慈山寰中禅师(公元七八〇—八六二年)，百丈法嗣。传见《祖堂集》卷十七、《景德传灯录》卷九。

②寒松一色，千年不变，与其余凋零之草木有别，

此句喻法身不变之绝对境界；天下无事，万国太平，野老拈花游戏，此无事太平之相对境界。此述佛教之二境。

③**圆智体：**大圆镜智之本体，即佛的明澄之智慧。

④**三山：**蓬莱、方丈、瀛洲。

译文

（13）到了大慈和尚的所在，大慈正在方丈里坐禅。临济禅师问道："在方丈里正坐的时候心境怎么样？"

大慈回答说："严寒中的松树绿色葱茏千年不变，冬天过后百姓手拈鲜花共享万国之春。"

师说："大圆镜智的本体超越今古，仙人居住的三山隔断万重门关。"大慈就喝了一声，师也喝了一声。

大慈问："你这是为什么？"师一甩袖子就走了出去。

原典

到襄州华严[①]，严倚拄杖作睡势，师云："老和尚，瞌睡作么？"

严云："作家禅客，宛尔不同[②]。"

师云："侍者，点茶来，与和尚吃。"[③]

严乃唤维那："第三位[④]安排这上座。"

注释

①**襄州华严：**湖北省襄阳鹿门山之华严院。华严，其人未详。

②**宛尔不同：**分明不与众人同，出格出群之意。

③此以老和尚为寐语，故临济唤侍者点茶进之，令其醒觉。

④**第三位：**后堂首座，其职在于辅赞宗风，为众模范。

译文

（14）到了襄州华严和尚的所在，华严正倚靠着拄杖做出睡觉的样子，临济禅师说：“老和尚，打瞌睡做什么？”

华严说：“杰出的禅客就是与众不同。”

师叫道：“侍者，进一碗茶来，给老和尚吃。”

华严就唤维那，对他说：“你安排这位上座到第三位的席上去。”

原典

到翠峰[①]。峰问：“甚处来？”

师云："黄檗来。"

峰云："黄檗有何言句指示于人？"

师云："黄檗无言句。"

峰云："为什么无？"

师云："设有，亦无举处。"②

峰云："但举看。"

师云："一箭过西天。"③

注释

①**翠峰：**传记未详。

②禅的究竟意非语言可表达，即使有言句，亦无人可听到。

③**一箭过西天：**西天乃指印度，此句亦可作"箭过新罗"（新罗乃古代朝鲜之名）。箭速之快，不知落处，意谓无迹可求。

译文

（15）到了翠峰和尚的所在。翠峰问道："从哪儿来？"

临济禅师回答说："从黄檗那儿来。"

翠峰又问："黄檗说了什么指导僧人的话？"

师回答说："黄檗没有说什么话。"

翠峰又问:“为什么没有?”

师说:“即使有，我也无法举说出来。”

翠峰说:“你不妨说说看。”

师说道:“一箭飞过西天。”

原典

到象田[1]。师问:“不凡不圣，请师速道。”

田云:“老僧只与么。”

师便喝，云:“许多秃子，在这里觅什么碗[2]?”

注释

①**象田:** 传记未详。

②觅碗，与觅食、觅饭同意，此处指受教、学禅。

译文

(16)到了象田和尚的所在。临济禅师问道:“不是凡夫也不是圣者，这是何种境界?请老师快快说。”

象田回答说:“我就是这个样子。”

师就喝了一声，说:“这么许多秃子，在这里觅什么食?”

原典

到明化[①]。化问："来来去去作什么？"

师云："只徒[②]踏破草鞋。"

化云："毕竟作么生？"

师云："老汉话头也不识。"

注释

①**明化**：传记未详。

②**徒**：当作"图"，同音通用。

译文

（17）到了明化和尚的所在。明化问道："来来去去的忙些什么？"

临济禅师答说："只是为了踏破草鞋。"

明化又问道："那究竟是为了什么？"

师答道："这个老家伙，连话也听不懂。"

原典

往凤林[①]，路逢一婆，婆问："甚处去？"

师云："凤林去。"

婆云：“恰值凤林不在。”

师云：“甚处去？”婆便行。

师乃唤：“婆。”婆回头，师便行[②]。

注释

①**凤林：** 传记未详。

②**行：** 原本作“打”，道忠《临济录疏瀹》卷五据《东山空和尚录》及《四家语录》改作“行”，兹从之。

译文

（18）在去往凤林和尚所在的路上，遇见一位老婆婆，婆婆问道：“到什么地方去？”

临济禅师回答说：“到凤林那儿去。”

婆婆说：“恰好凤林和尚不在。”

师问道：“到哪儿去啦？”婆婆回头就走。

师就呼唤道：“阿婆。”婆婆转过身来，师就走了。

原典

到凤林。林问：“有事相借问，得么？”

师云：“何得剜肉作疮[①]？”

林云：“海月澄无影，游鱼独自迷。”[②]

师云："海月既无影，游鱼何得迷？"[③]

林云："观风知浪起，玩水野帆飘。"[④]

师云："孤轮独照江山静，自笑一声天地惊。"[⑤]

林云："任将三寸辉天地，一句临机试道看。"[⑥]

师云："路逢剑客须呈剑，不是诗人莫献诗。"[⑦]凤林便休。师乃有颂："大道绝同[⑧]，任向西东。石火莫及，电光罔通。"

沩山问仰山："石火莫及，电光罔通，从上诸圣，将什么为人[⑨]？"

仰山云："和尚意作么生？"

沩山云："但有言说，都无实义。"[⑩]

仰山云："不然。"

沩山云："子又作么生？"

仰山云："官不容针，私通车马。"[⑪]

注释

①**剜肉作疮：**无事是贵人，缘何无事生事。有事相问，恰似在好肉上剜作疮。《维摩诘经》卷三《弟子品》有"彼自无疮，勿伤之也"语，或为此句所本。

②上句比凤林胸中澄清无一物，下句比临济游方寻师问道乃自迷。

③此乃夺其句，若有影则鱼或将认影而迷，既无影则亦无可迷者。

④上句比凤林知临济应机而变，下句比临济应对自在，乃褒赞之语。

⑤孤轮即孤月，上句自比法身真性，有天上天下唯我独尊之意。下句指一言半句可惊动诸人。药山惟俨禅师："一夜登山经行，忽云开见月，大笑一声，应澧阳东九十许里。"李翱赠诗曰："有时直上孤峰顶，月下披云笑一声。"（《景德传灯录》卷十四）

⑥三寸，指舌头，此处代指言语。上句谓一任你奇言妙句惊动诸人，乃夺临济师句。下句索当机一句。

⑦此二句意谓不是知音不可共语，句面乃抑凤林非知音，隐含无言无说之意。

⑧**大道绝同：**指绝对真理乃超越同（平等）与不同（差别）。

⑨**将什么为人：**即以何诲示人之意。

⑩此《楞严经》卷三语。

⑪官即"公"，与"私"相对。比喻大道虽未曾容言说，但为接引学人，亦可有方便言说。或语或默，令人至语默无二之地。此唐代谚语。《续高僧传》卷二十七《道兴传》及禅宗语录中多见此例。

译文

（19）到了凤林和尚的所在。凤林问道：“我有事想要请问，行不行？”

临济禅师说：“怎么可以剜肉作疮？”

凤林说：“海上明月清无影，海中游鱼独自迷。”

师说：“海上明月既无影，海中游鱼何得迷？”

凤林说：“见风就知波浪起，却见水上小船漂。”

师说：“一轮明月独照山河静，大笑一声可使天地惊。”

凤林说：“任你三寸之舌辉映天地，今日当场临机试说一句。”

师说：“路逢剑客须呈宝剑，不是诗人莫要献诗。”凤林这才罢休。师于是作颂一首：“大道不与万法同，任你向西或向东。石火莫可及，电光也不通。”

沩山问仰山：“石火莫可及，电光也不通，从古到今的佛和祖师，都是用什么来教化人的呢？”

仰山问道：“和尚是怎样来考虑的呢？”

沩山说：“只要有言说，就都没有实在的意义。”

仰山说：“不是这样的。”

沩山问道：“你又是怎样考虑的呢？”

仰山说：“表面上是不通一根针，实际上却可以走车马。”

原典

到金牛[①]。牛见师来，横按拄杖，当门踞坐。师以手敲拄杖三下，却归堂中第一位[②]坐。牛下来见，乃问：“夫宾主相见，各具威仪。上座从何而来？太无礼生！”

师云：“老和尚，道什么？”牛拟开口，师便打。牛作倒势，师又打。

牛云：“今日不着便[③]。”

沩山问仰山：“此二尊宿还有胜负也无？”

仰山云：“胜即总胜，负即总负。”[④]

注释

①**金牛：**或为镇州金牛和尚，马祖法嗣，传见《祖堂集》卷十五、《景德传灯录》卷八。

②**第一位：**前堂首座之座位。

③**不着便：**意即不走运。此番问答，临济始终占主位，金牛始终占宾位。

④“总胜”指两人皆胜，“总负”指两人皆负，故双方皆无胜负。临济为“有意气时添意气”，金牛为“不风流处也风流”。

译文

（20）到了金牛和尚的所在。金牛见到临济禅师来了，横按着拄杖，在门的正中盘腿而坐。师用手在拄杖上敲了三下，然后回到僧堂中的第一位就座。金牛下到僧堂，见此情状便问道："说到宾客和主人相见，互相都应该有礼仪。上座是从哪里来？怎么如此无礼！"

师说："老和尚，你说什么？"金牛正要开口说话，师就打了他一下。金牛做出倒下的样子，师又要打他。

金牛说："我今天真不走运。"

沩山问仰山："这二位和尚彼此之间还有没有胜负呢？"

仰山说："胜则双方都胜，负则双方都负。"

原典

师临迁化时，据坐云："吾灭后，不得灭却吾正法眼藏[1]。"

三圣[2]出云："争敢灭却和尚正法眼藏？"

师云："已后有人问你，向他道什么？"三圣便喝。

师云："谁知吾正法眼藏，向这瞎驴边灭却。"言讫，端然示寂。

注释

①**正法眼藏：**从释迦牟尼佛传来之佛法真髓，亦称清净法眼、真正见解。

②**三圣：**临济法嗣之三圣慧然。

译文

（21）临济禅师临终时，端然正坐着说："我死了以后，你们不得灭绝了我的正法眼藏。"

三圣站出来说："哪一个敢灭绝我老师的正法眼藏呢？"

师对他说："以后有人问你，你怎么对他说？"三圣就喝了一声。

师说："谁知道我的正法眼藏，竟然在这头瞎驴身边灭绝了。"说完，就端坐着去世了。

5 临济慧照禅师塔记

原典

师讳义玄，曹州南华[①]人也。俗姓邢氏，幼而颖异，长以孝闻。及落发受具，居于讲肆[②]，精究毗尼[③]，博赜经论。俄而叹曰："此济世之医方也，非教外别传之旨。"即更衣游方[④]。

首参黄檗，次谒大愚，其机缘语句，载于《行录》。既受黄檗印可[⑤]，寻抵河北镇州城东南隅，临滹沱河侧小院住持，其临济因地得名。时普化先在彼，佯狂混众，圣凡莫测。师至，即佐之。师正旺化，普化全身脱去，乃符仰山小释迦之悬记也[⑥]。

适丁兵革，师即弃去。太尉默君和[⑦]于城中舍宅为寺，亦以临济为额，迎师居焉。后拂衣南迈至河府[⑧]，府主王常侍延以师礼。住未几，即来大名府兴化寺，居于东堂。师无疾，忽一日摄衣据坐，与三圣问答毕，寂然而逝。时唐咸通八年丁亥孟陬月十日也。⑨

门人以师全身建塔于大名府西北隅。敕谥慧照禅师，塔号澄灵⑩。合掌稽首，记师大略。

住镇州保寿嗣法小师沼谨书⑪

注释

①**曹州南华：** 山东省兖州府单县附近。

②**讲肆：** 教家讲席。临济精通华严教义及唯识思想。

③**毗尼：** 梵语 Vinaya 之音译，即律藏之意。

④**更衣游方：** 脱教者服，改禅者衣，行脚寻师。

⑤**印可：** 印证许可。

⑥时称仰山为小释迦，见《联灯会要》卷八。“悬记”即前文“有头无尾，有始无终”之记。

⑦**太尉默君和：** 太尉，武官中最高位。默君和，道忠《临济录疏瀹》卷五认为“默”通“墨”，即《刘氏耳目记》（见《太平广记》卷一百九十二引）所载之“墨君和”，唯时代稍有出入。陆游《老学庵笔记》卷十引此《塔铭》，正作“墨君和”，并注曰：“墨君和名见《唐书》及《五代史》。”

⑧**河府**：即河北府。

⑨临济卒年各书记载不一。此处谓咸通八年孟陬月十日，即公元八六七年正月十日；而《祖堂集》卷十九、《宋高僧传》卷十二、《景德传灯录》卷十二等书均记作咸通七年丙戌四月十日；《五灯会元》卷十一、《人天眼目》卷一则作咸通八年丁亥四月十日。

⑩**澄灵**：《祖堂集》卷十九、《宋高僧传》卷十二并作“澄虚”。

⑪《老学庵笔记》卷十载：“保寿禅师作《临济塔铭》。”乃以此铭为保寿沼和尚撰文并书写。唯保寿沼和尚乃临济法嗣，名见《祖堂集》及《景德传灯录》，风穴延沼禅师为临济下四世，又与“住镇州保寿嗣法小师”之记载不合。故此处署名颇有疑问。

译文

师名义玄，是曹州南华人。俗姓邢氏，幼年的时候就聪明颖悟，与众不同，成人后以孝顺而闻名。出家受具足戒，居于讲释经论的教席之下，精心研究戒律，广泛探索经论。不久便感叹道：“这些学问都是挽救世间之人的医生处方笺，不是教外别传的根本之义。”于是就穿上禅僧的服装，行脚寻师。

首先参见了黄檗禅师，其次拜谒了大愚和尚，这个时候的机缘问答都详细地记载在《行录》中。受到黄檗的印可之后，他随即抵达河北，在镇州城东南角临近滹沱河旁的小寺院中为住持，寺名“临济”就是因为那个地方而得名。当时普化已经先在那里，装作疯疯癫癫的样子混迹于人群之中，是圣人还是凡人不可测知。临济禅师为住持后，普化便辅佐他。当那里的教化正盛的时候，普化乃全身蝉蜕而去，恰好符合仰山小释迦的预言。

不久正逢战火，师于是就离开了这所寺院。太尉默君和施舍出了城中的自家宅院为寺，还是以临济院为名，迎接师居住到那里。后来师又离开了那里，向南方行进直到河北府，府知事王常侍以师礼延请。住了不久，就来到大名府的兴化寺，居住于东堂中。师没有疾病，有一天忽然穿上法衣端然而坐，与三圣问答完毕，便安静地逝去。时间是唐咸通八年丁亥正月十日。

门人将临济禅师的遗体建塔安葬于大名府的西北角。天子敕赠了慧照禅师的谥号，并赐予了澄灵的塔号。合掌礼拜，谨记载师的生平大略。

住镇州保寿寺嗣法弟子延沼谨书

源流

有关《临济录》的源流，大致可以从三方面看，即：（一）《临济录》本身的源流；（二）对《临济录》的阐发与注释；（三）《临济录》的翻译。兹分述如下：

《临济录》的版本

现在通行的《临济录》版本，其实并非其原始面貌。在正式的刊行本出现之前，它首先是以手抄本的形式流传于世的。这一点，和所有的唐五代禅师语录的流传形式是一致的。禅师“语录”起初都是由门人弟子传写抄录，所以多有“言教”“别录”“语本”等称。《祖堂集》卷十九《临济章》谓：“自余应机对答，广彰‘别录’矣。”（《祖堂集索引》页一六一四）《宋高僧传》卷十二《临济传》亦称："'言教'颇行于世，今恒阳号'临济禅宗'焉。"（《大藏经》第五十册，页七七九）这看来是宋以前禅宗语录传播的主要方式，即口头流传（"言教"）和抄本流传（"别录"或"语本"）。从《祖堂集》中可以更清楚地看到这一点。文僜《祖堂集序》云：

"言教"甚布于寰海。（《祖堂集索引》，页一七三五）

《祖堂集》卷十五《东寺和尚章》：

自大寂禅师去世，常病好事者录其"语本"，不能遗筌领意。（同上，页一六四〇）

同上《盐官和尚章》：

甚有对答，言论具彰"别录"。（同上，页一六四一）

同上卷十七《岑和尚章》：

自外具载"别录"。（同上，页一六二六）

同上卷十八载道存语：

达磨和尚既不将《楞伽经》来，马大师"语本"及诸方老宿数引《楞伽经》，复有何意？（同上，页一五一九）

《临济录》中也斥责当时学人抄录诸方禅师语，以为密旨：

今时学人不得，盖为认名字为解。大策子上抄死老汉语，三重五重复子裹，不教人见，道是玄旨，以为保重。(《示众》第十则）

这反映出当时流行的风气之一。

就《临济录》而言，其抄本原貌当然是邈不可考了。不过，从早期的史传灯录等书的征引上，显然可以看出传抄本与刊本（无论是宣和本系统还是《四家语录》本系统）并非是同出一源的。试以《临济录》中一段极有名的话为例：

赤肉团上有一无位真人，常从汝等诸人面门出入，未证据者，看！看！（《上堂》第三则）

《祖堂集》卷十九《临济和尚章》：

山僧分明向你道，五阴身田内有无位真人，堂堂露现，无毫发许间隔，何不识取？（《祖堂集索引》，页一六一五）

延寿《宗镜录》卷九十八：

所以向尔道，向五阴身田内有无位真人，堂堂显

露，无丝发许间隔，何不识取？(《大藏经》第四十八册，页九四三)

《景德传灯录》卷二十八：

所以山僧向汝道，五蕴身田内有无位真人，堂堂显露，无丝发许间隔，何不识取？(《大藏经》第五十一册，页四四七)

由于目前所能考知的刊本最早也是元丰八年（公元一〇八五年）的《四家语录》本，而《祖堂集》写成于南唐保大十年（公元九五二年)，《宗镜录》写成于宋建隆二年（公元九六一年)，《景德传灯录》写成于景德元年（公元一〇〇四年)，上距临济逝世（公元八六七年）仅百年左右，其中所录应该是接近于抄本原貌的。不过，据《宋高僧传》(写成于公元九八八年）卷十二的记载，谓临济“言教颇行于世”，则即使是抄本，也可能同时存在着传写有异的不同系统。所以，《四家语录》本或宣和重刊本，也完全可能是依据了另一系统的抄本。[①]这种传写不一的情况，实际上反映了临济禅师逝世百年以来，临济宗开始兴旺的历史。

《四家语录》本的出现，与宋代临济宗黄龙派的活动有关，也是顺应了临济宗的再度兴盛的潮流。杨杰《马祖百丈黄檗临济四家录序》指出：

古人虽往，公案尚存。积翠老南，从头点检。字字审的，句句不差。诸方丛林，传为宗要。只有一处，未免謷讹。具眼底人，为他拈出。（柳田圣山《禅学丛书》本，页一）

这里说的“积翠老南”，就是曾住黄檗山积翠庵的黄龙慧南禅师（公元一〇〇二——一〇六九年）。在禅学史上，宋代僧人的宗派意识是颇为强烈的。慧南的老师石霜楚圆（公元九八七——一〇四〇年）是临济宗的中兴之主，惠洪《林间录》卷下称他“道起临济于将仆”（《卍续藏经》，第一四八册，页六二七），就很喜欢“贬剥诸方，件件数为邪解”（《五灯会元》卷十七“黄龙慧南禅师章”，中华书局排印本，页一一〇五）。所以，《四家语录》的编纂，可能也包含有标榜正宗的意味。在这本《临济录》中，就有一段明确自命祖师禅正宗的话，而这在更早的文献中是看不见的：

道流，山僧佛法，的的相承，从麻谷和尚、丹霞和尚、东土道一和尚、庐山与石巩，一路行遍天下。（《四家语录》卷六，《禅学丛书》本，页六十六）

这段话，在以后的《天圣广灯录》、宣和本《临济录》以及《古尊宿语录》中都有了。而这种意识，在慧南禅师的心目中也是强烈的。《黄龙慧南禅师语录》曰：

我佛如来，摩揭陀国亲行此令，二十八祖，递相传授。洎后石头、马祖，马驹蹋杀天下人。临济、德山棒喝，疾如雷电。后来儿孙不肖，虽举其令而不能行，但逞华丽言句而已。黄龙出世，时当末运。击将颓之法鼓，整已坠之玄纲。汝等诸人，不得将多年历日，系在腰间。须知四大海水，在汝头上。（《大藏经》第四十七册，页六三四）

而重新收集整理各大祖师的“言教”，也就是重振临济宗雄风的手段之一。

宣和年间宗演重刊《临济录》，显然是在以往文献的基础上进行的。有些出于《景德传灯录》，有些则出于《四家语录》（马防的宣和本序显然也受到杨杰《四家语录序》的影响）。宗演的重新编纂，不仅在顺序上与以往各本不同，而且还细分出《上堂》《示众》《勘辨》《行录》四个部分，便于人们将祖师的示法之语和他们的传记结合起来看。宣和本正是在这一意义上完成了集大成的工作，这从一个侧面反映了宋代临济宗的兴盛，而这一版本也成为最通行的一个系统。

上文提到宋代僧人的宗派意识颇为强烈，但需要同时指出的是，宗派意识并非一成不变的，在不同的背景下，各派间的对立面会有转移。随着势力的消长，五宗之间的主要矛盾会有所变化，彼此之间也会有所分合。在《临济录》的各种版本的刊行过程中，就为我们提供了一个饶有趣味的例证。

无论是《四家语录》本还是宣和本，一个值得注意的事实是，它们和云门宗有着密切的关系。给《四家语录》作序的杨杰，他是云门宗大师天衣义怀法嗣，传见《五灯会元》卷十六；宣和本的整理者圆觉宗演，也是云门宗元丰清满禅师法嗣，传见《五灯会元》卷十六；而《四家语录》的整理者黄龙慧南，也是由云门宗改换门庭转为临济宗的，传见《五灯会元》卷十七。这种情形并不是偶然的，而是与临济宗和云门宗的势力消长有关。

云门宗自从天衣义怀禅师（公元九八九—一〇六〇年）以来，颇有兴盛气象，而堪与临济宗并驾齐驱。惠洪《石门文字禅》卷廿三《禅林僧宝传序》曰："自嘉祐至政和之初，云门、临济两宗之裔，卓然冠映诸方。"但这种情况延续到其再传弟子一辈时，就开始走向衰落。正如叶梦得在《避暑录话》卷上所记载的："近岁四方谈禅，惟云门、临济二氏。及（道）楷出，为云门、临济而不至者，皆翻然舍而从之。故今为洞山者几十之三。"道楷禅师是复兴曹洞宗的关键人物，卒于政和八年（公元一一一八年），可知，自北宋元丰年代以下，就是曹洞宗开始复兴的时候。与此同时，也就是云门宗开始衰落之际。叶梦得《岩下放言》卷上指出："近岁临际、洞山（此即临济宗与曹洞宗）道复行江外，（义）怀之传遂少衰。"这就是北宋元丰至宣和时期禅宗史的实际。众所周知，《景德传灯录》在叙述五宗源流时，是将临济宗和沩仰宗归于怀让一系法嗣，而将云门宗、法眼宗和曹洞宗归于行思一系法嗣的。在北宋嘉祐年间，达观颖禅师撰写了一部《五家宗派》，对《景德传灯录》的记载做了更正。其中最重要的一点，就是引用了唐代丘玄素所撰的天皇道悟的碑文，将云门宗归入南岳怀让一系。惠洪《林间录》卷上引其文曰：

观达观禅师所集《五家宗派》，则曰道悟嗣马祖。引唐丘玄素所撰碑文几千言，其略曰："师号道悟，渚宫人，姓崔氏，即子玉后胤也。年十五，于长沙寺礼昙翥律师出家。二十三诣嵩山律德，得尸罗。谒石头，扣寂二年，无所契悟，乃入长安亲忠国师。三十四与侍者应真南还，谒马大师，大悟于言下。祝曰：他日莫离旧处。故复还渚宫。元和十三年戊戌岁四月初示疾，十三日归寂。寿八十二，腊六十三。"……"有传法一人崇信，住澧州龙潭。"《南岳让禅师碑》，唐闻人归登撰，列法孙数人于后，有道悟名。圭峰《答裴相国宗趣状》列马

祖之嗣六人，首曰江陵道悟。其下注曰：兼稟径山。今妄以云门、临济二宗竞者，可发一笑。(《卍续藏经》第一四八册，页五九二)

陈垣《释氏疑年录》卷五尖锐地指出：“此说之兴，盖当北宋末云门极盛之时，与云门竞者之所造。……其意不在天皇，而在云门之改属，所谓门户之见也。”不过，惠洪之引用此文，时在大观年间（公元一一〇七—一一一〇年），其意似在弥合临济、云门。既然二者都是出于怀让一系，则以临济、云门竞者，便是可发一笑了。事实上，在当时的背景下，云门宗和临济宗的矛盾已经是次要的了，主要矛盾乃是临济和曹洞之争。按照伪造的丘玄素碑文，学禅者多为南岳一系，故临济为正宗，而曹洞则不免为孤宗。嘉祐年间伪造的碑文，到了大观年间，随着五宗势力的演变，又具备了新的意义。[②]在云门宗开始衰落，而临济宗正值大盛之际，云门宗的僧人可转向临济宗，而临济宗也不妨借此进一步壮大自己的声势。惠洪属临济宗黄龙派宝峰真净克文法嗣，曾撰写过《临济宗旨》，他在上文说的话也正透露出此中消息。而云门宗的僧人纷纷收集、整理《临济录》，似乎也从另一个侧面反映了当时临济宗与云门宗的交融。

至明代郭凝之编《五家语录》，虽然标为“五家”，即临济、沩仰、云门、法眼、曹洞五宗，但实以临济禅为正宗。所以卷首所列“五宗源流图”，仍以云门、法眼同出于南岳，唯有曹洞一宗出于青原行思；又列惠洪所撰《临济宗旨》；五家语录中也首列《临济录》。《五家语录》本与以前诸本都有一些差别，尤其是新添入了后世禅师上堂所举的临济语。这种在文献上的拾遗补阙，也许反映了临济禅大盛后，人们对其一言半偈的进一步重视。不过，从这一角度去做文献整理，并非十分可靠。如《五家语录》本新添了这样一段话：

师到京行化，至一家门首云：“家常添钵。”有婆云：“太无厌生。”师云：“饭也未曾得，何言太无厌生？”婆便闭却门。(《禅学丛书》本，页八十六)

在郭凝之编的《优婆夷志》中，也有同样记载。但将此事与临济牵扯，实出于元代妙源所编之《虚堂和尚语录》卷一(见《大藏经》第四十七册，页九八九)。而《宋高僧传》卷二十七以及《林间录》卷上都将此事记作黄檗断际禅师与婆婆的对话。可见，径直将此语辑入《临济录》中，而不加任何说明，至少是有欠慎重的。

《临济录》的阐说与注释

对于《临济录》的阐说、注释，也是随着临济宗的兴盛而逐步出现的。首先是在后代禅师上堂示众的法语中，常常拈举临济语作为垂语或索话，或举出《临济录》中的某一公案加以提唱、颂古。这一类文献很多，除了中国禅师自宋、元以来的诸家语录外，日本禅师语录中亦多此类的拈古、评唱，如《佛照禅师语录》《大觉禅师语录》《圆通大应国师语录》《彻翁和尚语录》《雪江和尚语录》《景川和尚语录》《槐安国语》等，均见《大藏经》第八十和八十一册，兹不具论。

另一类书便是有关五家宗旨的纲要，其中也有对《临济录》的阐发和注释。最早的一部是晦岩智昭禅师的《人天眼目》，编者是临济宗杨岐派大慧下四世法孙，所以首列临济宗，这当然含有标举正宗或裒然称首的意味在内。此书编成于南宋淳熙十五年（公元一一八八年），是编者游方二十年，遍采古德尊宿提唱、拈古、偈颂而成。“其辞皆一依前辈所作，弗敢增损。”(《人天眼目序》，《大藏经》第四十八册，页三〇〇）由于编者是大慧宗杲一系，所以书中用大慧语甚多。其中涉及《临济录》的，主要是“四料简”“三句”“三玄三要”“四喝”“宾主”“四

宾主”“四照用”等。这体现了以宗杲为代表的宋代临济宗公案禅的特色。

明末清初，法藏(公元一五七三——一六三五年)的《五宗原》以大慧自期，重振临济宗风：“兹当操提未破之密印，以擒托伪之奸党。此政今时荷担如来命脉之真子也。岂浮滥者可混入哉？因原五宗。”(《卍续藏经》第一一四册，页二〇一）而在五宗之中，尤重临济，并且仍以临济、云门合脉，同出南岳。所谓“五宗各出一面，然有正宗，第一先出临济宗旨。……有马姓者，出于什邡，为二株之正宗。脚下当出四宗，而惟临济一宗为正的也”（同上，页二〇一——二〇二)。此书作于崇祯元年（公元一六二八年)，至崇祯十一年（公元一六三八年)，其师圆悟（公元一五六六——一六四二年)《天童和尚辟妄救略说》刊行，师徒间开始正面冲突。这其中，各自皆从不同的角度对《临济录》进行了发挥和阐扬。结果乃是由清世宗雍正撰《拣魔辨异录》而告结束。雍正以密云圆悟之说为“契西来的意，得曹溪正脉”，而斥汉月法藏之说为“无知妄说”“外魔知见”(《卍续藏经》第一一四册，页三七九)。他称法藏为“魔藏”，称法藏弟子潭吉弘忍（公元一五九九——一六三八年）为“魔忍”，并下令将法藏、弘忍的《五宗原》《五宗救》等书尽行毁板。陈垣氏《清初僧诤记》卷二尖锐地指出，法藏以下，“门多忠义，亦易为不喜者生嗔”（《励耘书屋丛刻》下，北京师范大学出版社影印本，页二四八七）。这就是政治力量的干预了。所以，尽管其中多处借用或阐扬《临济录》中的句子，所反映的实际上是对于异端思想的钳制。

清顺治十四年（公元一六五七年），三山灯来禅师撰成《五家宗旨纂要》，尽管他还是偏重临济宗（此书凡三卷，卷上为临济宗，卷中为曹洞宗，卷下为沩仰宗、云门宗、法眼宗），但正如卷首所录庆忠铁壁机老人《五宗断》所说：“用临济而不通曹洞，则类野狐；用曹洞而不通临济，则落教网。是必济、洞兼通，则云门、沩仰、法眼在其中矣”（《卍续藏经》第一一四册，页五〇七），代表了禅宗内部的融通思想。卷一对临济宗思想的纂要，出于《临济录》的有“四料简”“三句”“三玄三要”“四喝”“四宾主”“四照用”诸节，与《人天眼目》有承继性。灯来禅师还往往对《临济录》有所注释。例如：

有时一喝如金刚王宝剑。

三山来云：金刚宝剑者，言其快利难当。若遇学人缠脚缚手，葛藤延蔓，情见不忘，便与当头截断，不容粘搭。若稍涉思维，未免丧身失命也。

有时一喝如踞地狮子。

三山来云：踞地狮子者，不居窟穴，不立窠臼。威雄蹲踞，毫无依倚。一声哮吼，群兽脑裂。无你挨拶处，无你回避处。稍犯当头，便落牙爪。如香象奔波，无有当者。

有时一喝如探竿影草。

三山来云：探竿影草者，就一喝之中，具有二用。探则勘验学人见地若何，如以竿探水之深浅，故曰探竿在手。即此一喝，不容窥测，无可摹拟。不待别行一路，已自隐迹迷踪，欺瞒做贼，故曰影草随身。(《卍续藏经》第一一四册，页五一三）

所以，这也是讨论《临济录》注释中的不可忽略的文献。

《临济录》的日本注释

上文是就中国历代文献中对《临济录》的阐发、注释略举其要，此下略述日本文献中的注释之作。

自十四世纪以降，直至十八世纪，日本僧人有过不少对于《临济录》的注释本。除了少数是用日文外，大多是用汉文书写的。柳田圣山氏所编之《禅学丛书》中，专门有一种是《临济录》抄书集成，共收录日本僧人的注释之著十一种，兹列之如下：

1.《临济录直记》三卷，空谷明应（公元一三二七—一四〇七年）撰。

2.《临济录请益密参》一卷，古帆周信（公元一五七〇—一六四一年）撰。

3.《临济钞》六卷，佚名撰，刊于宽永七年（公元一六三〇年）。

4.《临济录カナ钞》十卷，万安英种（公元一五九〇—一六五四年）撰。

5.《临济录夹山钞》十卷，佚名撰，刊于承应三年（公元一六五四年）。

6.《临济录瑞岩钞》八卷，见叟智彻（公元？—一六八七年）撰。

7.《临济录拈古》六卷，暐同守佶撰，刊于延宝八年（公元一六八〇年）。

8.《临济录撮要钞》五卷，铁崖道空（公元一六二六—一七〇二年）撰。

9.《临济录摘叶钞》四卷，耕云子撰，刊于元禄十一年（公元一六九八年）。

10.《临济录疏瀹》五卷，无著道忠（公元一六五三—一七四四年）撰。

11.《临济录赘辩》一卷，冈田自适撰，刊于大正十四年（公元一九二五年）。

以上十一种书，除了最后一种是近人所撰，其余十种均产生于十八世纪以前。其中第一、二、四、十一等四种是以日文假名训释，另外七种都是用汉文书写。“抄”或“钞”在日语汉字中有一特殊意味，即指解释书或注释书。上列第一种在时代上正值中国的元末明初，这些书的次第出现，大致反映了荣西禅师回日本后，建立了临济法幢，《临济录》受到日本僧人重视的情况。

第三种佚名撰的《临济钞》，是现存最早的日本僧人用汉文书写的注释本。然而从其书中征引到的“古钞”“旧钞”“大圭和尚钞”“景聪钞”“或钞”等名目来看，可以知道在此之前已有不少用汉文书写的注释本了。这些书虽然已经亡佚，但在《临济钞》中却保存了若干片段，是弥足珍贵的。

第四种《临济录カナ钞》的撰者万安英种乃日本曹洞宗大焉广春法嗣。他在当时深慨宗风颓废，痛呵诸方邪解，时人以“安老狂”讥之（参见山田孝道《禅宗辞典》，页九一〇）。他对《临济录》的注释，或许也表明了曹洞宗对临济宗的接纳。

第十种《临济录疏瀹》的撰者无著道忠，号葆雨堂，又号照冰堂，“是近世日本研究中国禅宗文献最高权威之一人”（柳田圣山《无著校写宋本〈古尊宿语要〉影印序》，《禅学丛书》本，页三）。其著作有二百五十五部，八百七十余卷。除了本书以外，其他如《禅林象器笺》《葛藤语笺》《虚堂录犁耕》《敕修百丈清规左觿》等书，都是为禅学研究者广泛利用的名著。他本人属日本临济宗，此书也是过去《临济录》诸注释本中最好的一种。如《上堂》第一则第一句话“府主王常侍”，旧解均将“府主”释为“河南府主”，“王常侍”为“王敬初”，本书都能一一予以指正。所以，此书受到后代研究者的重视也是理所当然的。

《临济录》的日法英译注

《临济录》的译本目前已有日译、法译和英译，这一现象表明了禅宗在当今世界的影响，也标志了《临济录》仍然是现代人重要的精神食粮之一。

早期的日译本，只有训读，即按照日语的文法直接读汉文。如昭和二十九年（公元一九五四年）出版的足利紫山禅师的《临济录提唱》，就是先列原文，继附训读文，然后是日语解说。当学者加入了对《临济录》的注释、翻译队伍以后，便将此看作一项文化研究的事业，而不仅仅是一种宗教需求。于是，一方面是从思想史、禅宗史、语言学、文献学等角度的研究著作大量涌现；另一方面，现代译注本也层出不穷，如朝比奈宗源、柳田圣山、秋月龙珉、入矢义高诸氏，都有关于《临济录》的日文现代语译注。其中秋月氏的译注本为筑摩书房《禅的语录》系列之十，吸取了古今日本学者对《临济录》的研究成果，颇具参考价值；入矢氏的译注本列于岩波文库，自成一家之言。入矢氏为当今日本研究禅宗文献的语言学方面的最高权威，柳田氏、秋月氏皆曾亲炙其说。

法文译注本乃是当代法国汉学研究之最高权威戴密威（Paul Demiéville）所撰，全名为 *Entretiens de Lin-tsi, traduits du chinois et commentés*，一九七二年出版。戴氏精通东西方的哲学和文学，以其深刻的理解力和娴熟的语言技巧完成的这部译注本，不仅有助于人们对《临济录》的思想和文字的了解，而且其译注本身，也成为一部相当优秀的作品。

将《临济录》译成英文，是铃木大拙的一项夙愿。不过，他未及完成此一工作，就不幸于一九六六年逝世。然而在他的英文著作《禅佛教论集》和《禅与心理分析》等书中，已经将《临济录》中的一些重要的章节译成了英文。现在出版的《临济录》英译本，是由佐佐木ルース夫人完成。该书经过艰难曲折的过程，终于在她逝世八年以后，由日本财团法人禅文化研究所于一九七五年出版。

汉文的现代译注本迄今尚未出现。笔者有缘接触到古今中外对《临济录》研究的优秀成果，在此基础上终于完成了《临济录》的现代译注本。不求有功，但求少过，以便为国内学者的深入研究提供一个可资借鉴的读本。

注释：

①《景德传灯录》卷十二“临济义玄章”所记载的这一段话，和同书卷二十八所记载的就有差别。宋本及高丽本(均收于柳田圣山编的《禅学丛书》)卷十二载：“一日上堂曰：汝等诸人肉团心上有一无位真人，常向诸人面门出入。汝若不识，但问老僧。”其所依据的抄本和卷二十八所依据的显然不一。不过，元、明版的《景德传灯录》，就已将“肉团心上”改为“赤肉团上”。

②围绕着丘玄素的碑文所展开的争论，在清代初年曾又一次掀起高潮。参看陈垣《清初僧诤记》卷一“济洞之诤”。

解说

临济思想的中心是对人的主体性的追求。具有主体性的人，是活泼泼的、就在眼前跃动着的人。人只有觉悟到自己的主体性，才是真正自由的人，才能摆脱一切外在的束缚。有了这样的见地，才可说是具备了真正见解；达到了这样的境界，才可说是不受人惑的、自信的人。

本来，在中国思想传统中，对于自由的追求集中体现在《庄子》一书中。他用一个“游”字来形容获得精神自由解放的状态，人之所以不得自由，主要即在于人不能自己把握自己，总是被外在的事物所牵累束缚，即《庄子》说的“有所待”。要想得到自由，只有自己解放自己，并与外在的万物融合为一，与天地精神独相往来，彻底摆脱精神上的被奴役的状态，这才是真正的“逍遥游”。

在佛教思想传统中，佛是人们顶礼膜拜的对象，佛经是不可违叛的圣典，凡人只有匍匐在佛的脚下，依赖于经典戒律，才能免遭三界轮回的苦难。然而到了临济，他又一次强烈地表现出对于自由的追求。这不仅是因为禅宗受到老、庄思想的影响，也是中唐以降中央集权的崩溃、佛教经学的衰落等时代因素所造成的。在《临济录》中，“自由”一词是个频繁出现的字眼。例如：

若得真正见解，生死不染，去住自由。

（《示众》第一则）

你若自信不及，即便茫茫地徇一切境转，被他万境回换，不得自由。

（同上）

若能如是见得，便乃去住自由。

（《示众》第七则）

而要想获得自由，就不能一心向外追求。想要向外求佛，非但佛不可得，而且连自己的主体性也丧失了，所以是“造地狱业”：

求佛求法，即是造地狱业；求菩萨，亦是造业；看经看教，亦是造业。

（《示众》第九则）

你若求佛，即被佛魔摄。你若求祖，即被祖魔缚。你若有求皆苦，不如无事。

（《示众》第十则）

若人求佛，是人失佛；若人求道，是人失道；若人求祖，是人失祖。

（《示众》第十四则）

临济的这一论断，看似“骂佛”，实际上是给佛注入了鲜活的生命力。“你欲得识祖佛么？只你面前听法底是。”（《示众》第一则）这个“听法底”人，就是此刻站立在面前的活生生的人。临济特别强调的是“即今目前”：

此三种身，是你即今目前听法底人。

（《示众》第一则）

是什么解说法听法？是你目前历历底，勿一个形段孤明，是这个解说法听法。

（同上）

即今目前孤明历历的听者，此人处处不滞，通贯十方，三界自在。

（《示众》第五则）

现今目前听法无依道人，历历地分明，未曾欠少。

（《示众》第九则）

这样的佛，就不是偶像般的“死佛”，而是“活佛”“活祖”“活文殊”。佛祖既不是偶像，经录也就不是真理本身，而只是入道之津筏。临济破除了对语言文字的迷信。“三乘十二分教，皆是拭不净故纸。”(《示众》第十则)语言文字在《庄子》中曾经被比作“古人之糟粕”(《庄子·天道篇》)，玄学家也认为“书讵复须注”(嵇康、吕安语，见《世说新语·文学》刘孝标注引《向秀别传》，余嘉锡《世说新语笺疏》本)，至临济的比喻则更为泼辣：

今时学人不得，盖为认名字为解。大策子上抄死老汉语，三重五重复子裹，不教人见，道是玄旨，以为保重。大错！瞎屡生！你向枯骨上觅什么汁？有一般不识好恶，向教中取意度商量，成于句义，如把屎块子向口里含了，吐过与别人。犹如俗人打传口令相似，一生虚过也。

(《示众》第十则)

尽管惠能已经说过“诸佛妙理，非关文字”(《坛经·机缘品》,《大藏经》第四十八册，页三五五)，不过到了晚唐五代，禅宗和尚的这一看法更为普遍，对佛经的贬斥也更为强烈了。这与整个时代的从政治上中央集权的崩溃、思想上经学权威的动摇，到佛教本身摆脱了对于政府的依赖，尤其是禅宗在经济上的自给自足等大背景是分不开的。只有自己才能解脱自己的束缚。临济禅师恰恰是强烈地表达了这种意愿，从而成为时代思潮的代表人物：

大丈夫汉，不作丈夫气息。自家屋里物不肯信，只么向外觅，上他古人闲名句。

（《示众》第十四则）

所以他才提出了“逢佛杀佛，逢祖杀祖，逢罗汉杀罗汉，逢父母杀父母，逢亲眷杀亲眷，始得解脱。不与物拘，透脱自在”（《示众》第十则）。“杀”实即去粘解缚之意，指在精神上的摆脱依赖。“山僧无一法与人，只是治病解缚。”（同上）治什么病？就是治“不自信”的病：“如今学者不得，病在甚处？病在不自信处。”（《示众》第二则）反之，有了“自信”，有了“真正见解”，就能达到一种“平常无事”的境界。尽管马祖道一已经说过“平常心是道”（此据《景德传灯录》卷二十八“马祖章”,《无门关》第十九则作南泉语），但将这一思想大大发挥，则是到了临济禅师。他一方面引用了这句话（见《示众》第九则），另一方面也反复加以强调：

大德，且要平常，莫作模样。

（《示众》第一则）

无事是贵人，但莫造作，只是平常。

（同上书第三则）

道流，佛法无用功处，只是平常无事。屙屎送尿，着衣吃饭，困来即卧。愚人笑我，智乃知焉。

（同上书第四则）

夫出家者，须辨得平常真正见解。

（同上）

约山僧见处，无如许多般，只是平常。着衣吃饭，无事过时。

（同上书第十则）

众所周知，禅从印度刚刚传入中国的时候，中国人是将之作为一种通过冥想的实践，从而达到某种神通的出现而接受的，《高僧传》中专列的《神异》一目，正可以说明这一点（参见柳田圣山《中国禅思想史》）。而临济则明确表示，"神通"未必是佛，佛法就在眼前，显示出更加趋向于平常和自然的倾向。易言之，就是从印度的宗教传统转入了中国的人文传统。

镰田茂雄在《禅思想的形成和发展》一文中指出："《临济录》不仅仅属于临济宗。"（载《中国文化》第六期，页七十二）我们更可以扩而大之说：《临济录》也不仅仅属于禅宗，它属于人类，属于世界。

自从二十世纪二十年代后期日本的铃木大拙用英文将禅宗传入了西方世界以后，禅宗在欧美风靡一时，并渗透到西方哲学、宗教、艺术、心理学等各个领域。当西方的工业文明给人的精神造成了紧张、焦躁、疲惫、恐惧的时候，禅正好给人们带来了一帖清凉剂。在铃木氏的著作中，已经将《临济录》中的重要片段译成了英文，而他用日文写的《临济的基本思想——〈临济录〉中“人”之研究》一书，也“被认为是铃木所有的日、英文著述中最重要的一部书”（阿部正雄《禅与西方思想》，页八十二）。他对于《临济录》的偏爱，影响了现代日本人和欧美人对此书的进一步重视，也唤起了人们对其中的思想精华做进一步吸收的兴趣。无怪乎本世纪最重要的哲学家之一海德格尔（Martin Heidegger）在晚年读到铃木氏的著作时说：“如果我对铃木的了解不差，他在书中所说的，也正是我这一辈子在自己的论著中所想表达的东西。”（转引自傅伟勋《铃木大拙二三事》，载《批判的继承和创造的发展》，页一九七）

禅的本质是对于人的真正的自由的追求，这一点，恰恰是《临济录》的中心思想之一。所谓“随处作主，立处皆真”，也就是要能够在担水砍柴、吃饭睡觉的平凡生活中，开启出无限的高远境界。而达到这种境界的前提就是要有“自信”，即不是将自己的存在依赖于外在的任何事物上，而是立足于“自性”的觉悟。对个人是如此，对于国家的命运以及民族文化的未来又何尝不是如此呢？这也许就是《临济录》给现代人的最重要的启示之一吧！

附录

1. 真定十方临济慧照玄公大宗师道行碑铭

正议大夫、御史中丞、行御史台事王博文撰并书，通奉大夫、参知政事、枢密副使商挺题额

佛氏之祖，由毗婆尸七世至释迦牟尼。嗣释迦之法者，迦叶尊者为第一祖。由迦叶二十八传，而得达磨。达磨至中国为初祖，传至大鉴，号曹溪，始派别为五。大鉴传南岳让，让传马祖一,一传百丈海，海传黄檗运，运传临济，此临济一宗相传授之大概也。

师讳义玄，姓邢氏，曹之南华人。性颖异，以孝闻乡里。幼喜佛氏之学，既落发受具，即留心于经论，穷幽探赜。既而曰："此济世之药方也，非教外别传之旨。"

遂从事于禅宗。参黄檗运禅师，证据提警，意融心会，引伸触长，种种解悟。而又切磋于大愚、沩山间，以至道业纯一，夐出侪辈。黄檗遂以其师百丈之禅板、机案授焉。唐宣宗大中八年，行脚至真定，住于城东南临济院，以其近于滹沱之津渡，遂以临济自名。后太尉墨君和舍宅为寺，迎师居之，亦号临济焉。

师道价既高，当时闻人胜士咸来向慕，无间远迩，问法求道，肩摩踵接。普化、克符二上座，师之法叔行也，以雄杰相与辅翼，而甘处下风焉。其善知识如龙牙、洛浦、麻谷、凤林，皆炷香敷具，愿执弟子礼。但得一言半句发药者，即成令器。既而往河中，府主王常侍延以师礼。住持未几，杖锡归大名，居兴化寺之东堂。一日摄衣据座，与三圣然公问答，即以正法眼藏授之，而说偈曰："源流不止问如何，真照无边说向他。离名离相还自禀，吹毛用了急须磨。"说此偈竟，端然示寂，实懿宗咸通八年四月十日也。荼毗所得舍利，其徒分而为二：一塔于魏府，一塔于镇阳。诏谥曰慧照禅师，扁其塔曰澄灵，子孙相继主之。

金国兵兴，寺为焦土，唯塔独存，岿然于瓦砾中。大定二十三年，世宗夜梦师乞徙塔于净域，遣使视之，果为粪壤芜秽所埋拥。使还以闻，世宗命官吏率高行师德董其役。距故址进二十步，树砖浮图九级，藏舍利焉。

皇朝抚有方夏，为主僧所居，殿宇荒摧。海云大宗师，临济之十七世孙也，监寺定明、白府致礼，请海云主是席。丙午春复为十方禅寺，命其嗣子庵主通公、慵庵坚公、可庵朗公相继住持。殿宇佛像庄严完好，皆海云之力也。

师传授之法，曰“三玄三要、宾主料简、四喝八棒”之属，洪规深旨，为天下学者入道之门，皆师之所自得，非授之于黄檗也。嗣师之法者，若子若孙，为龙为象，不可殚纪。其大略则由兴化奖而下，四世而至汾阳昭。其上足曰慈明圆、琅琊觉。慈明圆传杨岐会，会传白云端，端传五祖演，演传佛果勤、佛鉴、天目齐。佛果传虎丘隆、大慧杲。虎丘隆传应庵华，华传密庵杰，杰传破庵先、松源岳。破庵传石田薰，薰传净慈愚极慧；松源传无德通，通传虚舟度，度传径山虎岩伏；天目齐传汝州和，和传竹林宝，宝传竹林安，安传竹林海，海传庆寿璋、白涧一、归云宣。宣传平山亮；白涧一传冲虚昉、懒牧归；庆寿璋传海云大宗师、竹林彝。彝传龙华惠；海云传可庵朗、龙宫玉、赜庵儇。可庵传太傅刘文贞公、庆寿满；龙宫玉传大名海；赜庵传庆寿安。琅琊觉传泐潭月，月传毗陵真，真传白水白，白传天宁党，党传慈照纯，纯传郑州宝，宝传竹林藏、庆寿亨、少林鉴。庆寿亨传东平汴、太原昭；少林鉴传法王通，通传安闲觉，觉传南京智、西庵赟。南京智传寿峰湛，西庵赟传雪堂仁公，由临济十八世矣。至元丁亥秋八月，雪堂赍圣上御香，将诣杭浙诸名刹焚修祝釐，至广陵。来谒予言："山僧今年春过镇阳，拜临济祖师塔，抚循遗迹，旌纪寂寥。因与僧统满公议，将以师之道行刻之贞石，以诏学者，幸公为我当笔也。"予固辞不许，即相与考证诸家传录，以次第之。谓雪堂曰："自曹溪派而为五之后，今法眼、沩仰传者至少；云门、洞下差多于二家；唯临济一宗，演溢盛大。既为嗣法高弟，发明师之宗旨，昭揭师之学行，俾传无穷，宜矣。"乃系之以铭，曰：

达磨至中国，传佛法与心。无言语文字，直超向上寻。
神光最坚笃，雪立不厌深。豁然悟本体，提印开未今。
六祖派为五，同钟而异音。四传得黄檗，黄檗传临济。
临济何雄伟，龙象真可拟。钁头下乘机，虎须边悟旨。
铲除诸相妄，洞彻万物理。每与学者云，驰求漫劳耳。
得真正见解，佛祖不远矣。只于赤肉团，有无位真人。
十方与三界，在汝屋与身。持求唯自信，殊胜自相亲。
一棒与一喝，机锋砉然新。盲瞎莫漫来，鹅王食乳真。
雷惊师子吼，魔魅俱消沦。耆宿善知识，蜂附而蚁聚。
门人与高弟，龙骞而凤翥。付却正法眼，径归兜率去。

曹溪唯此脉，如海百川赴。一灯发千灯，散为万宝炬。
神光照十方，不在舍利数。高名传万古，不在澄灵固。
骨朽舍利尘，自在不已住。书此刻贞珉，庶俾后学谕。

年　月　日

立石大功德主

前江淮福建等处释教总统十八世孙雪堂野衲普仁立石

杭州净慈寺住持袭祖传法十七世孙愚极至慧

杭州灵隐寺住持袭祖传法十八世孙玉山德珍

杭州径山寺住持袭祖传法十八世孙虎岩净伏

2. 临济正宗碑

至大二年内翰赵孟頫奉敕撰

佛以大智慧破一切有，以大圆觉摄一切空，以大慈悲度一切众。始于不言，而至于无所不言；无所不言，而至于无言。夫道非言不传，传而不以言，则道在言语之外矣。是为佛法最上上乘，如以薪传火，薪尽而火不穷也。故世尊拈花，迦叶微笑。一笑之顷，超然独得，尚何可以言语求哉？自摩诃迦叶二十八传而为菩提达磨，达磨始入中国，居嵩山少林寺，面壁坐者九年。达磨六传而为能，能十传为临济。临济生于曹州，游学江右。事黄檗，问佛法的的大意，檗便打。如是三问，三度被打。辞往大愚，理前话，云：“不知过在什么处？”愚曰：“黄檗恁么老婆，为汝得彻困，犹觅过在。”师言下大悟。归镇州，筑室滹沱河之上，今临济院是也，因号临济大师。

师之于道，得大究竟。由临济而上，至于诸佛；诸佛之下，至于临济。前圣后圣，无间然矣。直指示人，机若发矢。学者闻之，耳目尽丧，表里无据。自能后，禅分为五，唯师所传，号为正宗。一传为兴化奖，再传为南院颙，三传为风穴沼，四传为首山念，又五传为五祖演。演传天目齐，齐传懒牛和，和传竹林宝，宝传竹林安，安传海西堂容庵，容庵传中和璋，璋传海云大宗师简公。海云性与道合，心与法冥，细无不入，大无不包。师住临济院，能系祖传，以正道统，佛法盖至此而中兴焉。当世祖圣德神功文武皇帝在潜邸，数屈至尊，请问道要。虽其言往复䌷绎，而独以慈悲不杀为本。

师之大弟子二人，曰可庵朗、赜庵儇。朗公度荜庵满及太傅刘文贞，儇公度西云大宗师安公。师以文贞公机智弘达，使事世祖皇帝。当是时，君臣相得，策定天下，深功厚德，及于元元，卒为佐命之臣，皆自此启之也。元贞元年，成宗有诏，迎西云住大都大庆寿寺，进承清问。经历三朝，发扬玄言。得诸佛智，悬判三乘，如一二数。由是临济之道，愈扩而大。今皇帝钦承祖武，独明妙心，刻玉为印，以赐西云，其文曰“临济正宗之印”。特加师荣禄大夫、大司空，领临济一宗事。仍诏立碑临济院，且命臣孟頫为文称扬佛祖之道，以示不朽。臣孟頫既叙其所传授，又系之铭。铭曰：

佛有正法，觉明妙心。二十八传，至于少林。
赫赫少林，师我震旦。使为佛种，不锲而断。
传十世后，而得临济。为道坦然，如指而示。
又十六世，是为海云。坐祖道场，能绍厥闻。
维我世祖，诞膺天命。威震九有，维佛是敬。
闻师之名，若古贤圣。尝进一言，深入圣听。
不杀之仁，其利甚弘。俾大弟子，为帝股肱。
至西云公，能嗣其业。据狮子座，为众演说。
闻者赞叹，信者向风。得者如宝，悟者如空。
今皇帝圣，深契道要。曰临济宗，繄尔能绍。
即心即佛，时乃世守。传不以言，而以心受。
皇帝万年，正法永传。尚迪后人，勿昧其原。

3. 镇州[1]临济[2]慧照禅师[3]语录[4]序

延康殿学士[5]、金紫光禄大夫[6]、真定府路[7]安抚使[8]兼马步军都总管[9]兼知成德军府事[10]马防[11]撰

黄檗山头，曾遭痛棒。[12]大愚肋下，方解筑拳。[13]饶

舌老婆，尿床鬼子。[14]这风颠汉，再捋虎须。[15]岩谷栽松，后人标榜。[16]镢头斫地，几被活埋。[17]肯个后生，蓦口自掴。[18]辞焚机案，坐断舌头。[19]不是河南，便归河北。[20]院临古渡，运济往来。[21]把定要津，壁立万仞。[22]夺人夺境[23]，陶铸仙陀[24]。三要三玄[25]，钤锤衲子[26]。常在家舍，不离途中。[27]无位真人，面门出入。[28]两堂齐喝，宾主历然。[29]照用同时，本无前后。[30]菱花对像，虚谷传声。妙应无方，不留朕迹。[31]拂衣南迈，戾止大名[32]。兴化[33]师承，东堂迎侍。铜瓶铁钵[34]，掩室杜词[35]。松老云闲，旷然自适。面壁未几[36]，密付将终。正法谁传，瞎驴边灭。圆觉老演[37]，今为流通。点捡[38]将来，故无差舛。唯余一喝，尚要商量。[39]具眼禅流，冀无赚举[40]。宣和庚子[41]仲秋日谨序。

注释：

①**镇州：**今河北省正定县。中唐以降，藩镇割据，此地属成德府节度使统辖。五代后唐改称真定府，宋以后沿称此名。

②**临济：**临济禅师为住持的小院之名，地处滹沱河侧。详见《临济慧照禅师塔记》。

③**慧照禅师：**唐懿宗赐赠临济禅师之谥号。

④**语录：**道忠《临济录疏瀹》第一卷引逸堂和尚语曰："凡不事华藻，唯以常谈直说，侍者辈随而记录，此名语录。"

⑤**延康殿学士：**北宋时官员加赠之最高荣誉称号。唐代称端明殿，北宋徽宗政和四年（公元一一一四年）八月改为延康殿。

⑥**金紫光禄大夫：**佩带金印紫绶的宫中顾问，亦为荣誉称号。

⑦**路：**宋代行政区域划分之一，当时共分二十四路。

⑧**安抚使：**天子派遣至地方巡察兵民之事的监察官，有时兼任地方长官。

⑨**马步军都总管：**宋代禁卫军中之最高武官，统管马军与步军。

⑩**知成德军府事：**知即主宰之意，此指主管镇州文武诸事的地方长官。

⑪**马防：**生平未详。

⑫参见《行录》第一则。

⑬参见《行录》第一则。解，能够之意。此动作表示获得大悟。

⑭参见《行录》第一则。饶舌，多嘴之意，黄檗谓大愚；老婆，慈悲之意，大愚谓黄檗。

⑮参见《行录》第一则。指临济第二次打黄檗。

⑯参见《行录》第二则。

⑰参见《行录》第四则。

⑱参见《行录》第五则。

⑲参见《行录》第九则。

⑳参见《行录》第九则。

㉑参见《临济慧照禅师塔记》。运济往来，此指临济接引教化众人，即将众生由此岸渡往彼岸，将圣人由彼岸渡往此岸。

㉒此二句乃形容临济禅之高峻严格，如万仞之壁，难以靠近。

㉓参见《示众》第一则。

㉔**仙陀**：梵语 Saindhava 之音译，仙陀婆的略称，喻为聪明伶俐的弟子（见南本《涅槃经》卷九）。此句意为锻炼伶俐弟子。

㉕参见《上堂》第九则。

㉖此句指锻炼习禅者。

㉗参见《上堂》第八则。

㉘参见《上堂》第三则。

㉙参见《上堂》第四则。

㉚此句在本录中作“临济四照用”，有先、后、同时、不同时之别，参见《示众》第二则。“照”为照鉴勘验学者之手段，“用”为机用。凭时临机，故有四种差别。

此处“本无前后”乃马防根据自己的见解而言。

㉛菱花，古代铜镜多作花形，此为镜之美称。入矢义高氏指出此下四句为隔句对，此句对“妙应无方”，次句“虚谷传声”对“不留朕迹”。朕迹，细微之踪迹。

㉜**大名**：今河北省东南部的大名县。《临济慧照禅师塔记》所谓“河府”实指成德府。

㉝**兴化**：指兴化存奖禅师，临济法嗣，当时为大名府兴化寺住持。传见公乘亿《魏州故禅大德奖公塔碑》（《文苑英华》卷八六八）。

㉞**铜瓶铁钵**：此僧人生活之必备用具，铜瓶蓄水，铁钵乞食。此句指临济晚年之生活简朴。

㉟此句本于《肇论·涅槃无名论》：“释迦掩室于摩揭，净名杜口于毗耶。”意谓不与人交，沉默无言。

㊱此句以初祖达磨面壁九年，付法于二祖，而后示寂，暗喻临济师临终密付大法于三圣。此下二句参见《行录》第二十一则。

㊲**圆觉老演**：指福州鼓山圆觉宗演禅师，为云门下八世法孙。宣和年间（公元一一一九—一一二五年）应召在宫中说法，甚得天子信任。传见《嘉泰普灯录》卷九及《五灯会元》卷十六。

㊳**点检**：搜讨检查。

㊴此句既指本录之文字可以信赖，又指在文字以外

尚有一喝，乃临济禅师之活消息，还须学者参究斟酌。

㊵**赚举**：《祖庭事苑》卷五：“赚当作詀，直陷切，被诳也。赚，市物失实，非义。”此句谓执着于文字以求此录，乃为错举扬。

㊶北宋徽宗年号，即宣和二年（公元一一二〇年），临济灭后二百五十三年。

4. 临济慧照玄公大宗师语录序

林泉从伦撰

曹溪派列，淘涌而流注无穷。南岳岐分，巍峨而联绵不尽。云仍曼衍，枝叶滋荣。非止荫覆人天，抑亦光扬祖道。无说之说，须知意不在言；无闻之闻，果信言非有意。此皆理极无喻之道，绪余影响者也。故临济祖师以正法眼，明涅槃心。兴大智大慈，运大机大用。棒头喝下，剿绝凡情。电掣星驰，卒难构副。岂容拟议，那许追思？非唯鸡过新罗，欲使凤趋霄汉。不留朕迹，透脱玄关。令三界迷徒，归一真实际。天下英流，莫不仰瞻。为一宗之祖，理当然也。

今总统雪堂禅师，乃临济十八代孙。河北江南，遍寻是录。偶至余杭，得获是本。如贫得宝，似暗得灯。踊跃欢呼，不胜感激。遂舍长财，绣梓流通，俵施诸刹。

此一端奇事，实千载难逢。咦！掷地金声闻四海，定知珠玉价难酬。

元贞二年岁次丁未　大都报恩禅寺住持嗣祖林泉老人从伦盥手焚香谨序

5. 临济慧照玄公大宗师语录序

郭天锡撰

薄伽梵正法眼藏，涅槃妙心付摩诃迦叶，是为第一祖。逮二十八祖菩提达磨，提十方三世诸佛密印而来震旦。是时中国始知佛法有教外别传，不立文字，直指人心，见性成佛。厥后优钵罗花于时出现，芬芳馥郁。一华五叶，香风匝地。宝色照天，各放无量光明，辉映大千世界。

其中一大苾刍为一大事因缘，依栖黄檗山中。三度参请，三度被打。后向高安滩头大愚老师处，始全印证。平生用金刚王宝剑，逢凡杀凡，逢圣杀圣。风行草偃，号令八方。如雪色象王，如金毛师子。踞地哮吼，狐狸野干，心破脑裂。百兽见之，无不股栗。如惊涛崄崖，壁立万仞。使途中之人，其行次且不敢举足下足，唯恐丧身失命。虽老子钳槌者，见之无不汗下。

若夫三玄三要，夺境夺人，金章玉句，如风樯阵马，如迅雷奔霆，凌轹波涛，穿穴崄固，破碎阵敌，天回地转，七纵八横，几于截断众流。四海学徒，莫不望风披靡。故门庭峻峭，孤硬难入。盖妙用功夫，不在文字，不离文字。尽大地作一只眼者，乃能识之。末后将正法眼藏，却向瞎驴边灭却。师之出处，具载《传灯》等录，兹不复赘。

自兴化奖公而下，子孙云仍最为蕃衍盛大，多大根器人，冠映河岳，腾耀古今。在在处处，法席丛林，化俗谈真，重规叠矩。出广长舌相，为人开堂演法，如慈明圆公、琅琊觉公，皆大法王、人天师也。今雪堂大禅师，临济十八代嫡孙，琅琊第十世的派。王臣尊礼，缁素向慕，是亦僧中之龙象尔。不忘祖师恩德，每恨临济一言一句，一棒一喝，参承咨决。升堂入室语录，未大发明。刻梓流行，用广禅林观听。仍求北山居士郭天锡，为作序引。

呜呼！雪堂老师，行从上祖师难能之事。慎终追远，知恩报恩则不无，将五百年风颠老汉吐下唾团，重新拈出供养。今代衲僧，还肯咀嚼么？合浦还珠，固为奇特；冷灰爆豆，亦自不妨。

大德二年八月　前监察御史郭天锡焚香九拜书

6. 临济慧照玄公大宗师语录序

五峰普秀撰

窃以黄檗山高，便敢当头捋虎；滹沱岸远，亦能顺水操舟。既露恶毒爪牙，仍显慈悲手段。栏腮一掌，免烦着齿粘唇；劈肋三拳，可谓倾心吐胆。三玄在手，七事随身。触之则石裂崖崩，拟之则雷轰电掣。门庭孤峻，阃奥宏深，只可望崖，不可趣向。兹者总统雪堂和尚，悯巴歌唱而和寡，嗟雪曲弹而应稀。语录阙文，丛林罕见，遂旁求释子，而再起斯文。欲镂板以广流通，俾参玄而得受用。弘扬祖道，垂裕后昆。棒头喝下，须明石火电光；正案傍提，要顾眉毛鼻孔。其他机缘，备载前录，不劳再举。噫！临济祖师六传，而至汾阳大宗师。

汾阳下杰出六大尊者，曰慈明圆、曰琅琊觉。圆传阳岐会，会传白云端，端传五祖演，演传佛果勤、佛鉴、天目齐。佛果传虎丘隆、大慧杲。虎丘隆传应庵华，华传密庵杰，杰传松源岳，岳传无德通，通传虚舟度，度传径山虎岩伏。天目齐传汝州和，和传竹林宝，宝传竹林安，安传竹林海，海传庆寿璋、白涧一、归云宣。宣传平山亮。白涧一传冲虚昉、懒牧归。庆寿璋传海云大宗师、竹林彝。彝传龙华惠。海云传可庵朗、龙宫玉、颐庵儇。可庵传太傅刘文贞公、庆寿满。龙宫玉传大名海。赜庵传庆寿安。琅琊觉传泐潭月，月传毗陵真，真传白水白，白传天宁党，党传慈照纯，纯传郑州宝，宝传竹林藏、庆寿亨、少林鉴。庆寿亨传东平汴、大原昭。少林鉴传法王通，通传安闲觉，觉传南京智、西庵赟。南京智传寿峰湛。西庵赟传雪堂仁。雪堂乃临济十八世孙也。莫不门庭孤峻，机辩纵横，俱是克家子孙。灯灯续焰，直至如今。可谓源清流长，此之谓也。雪堂禅师乃吾三世祖，嘱子为序，率尔书之。脑后见腮，顶门具眼者，大发一笑。

开泰退堂袭祖第二十世孙五峰普秀斋沐焚香拜书

7.《临济录》引用经论目录

禅宗号称“不立文字，见性成佛”，又呵佛骂祖，排斥三藏。故世人喜谈禅宗者，也往往以公案、机锋为禅宗要旨所在。其实，要真正了解禅宗的心法，还必须将重心放在禅师的上堂、示众等法语的探究上。而一旦进入这类文献时，就会立刻发现，凡是成一家之言而能建立门庭的大宗师，无一不是贯通群经、融冶众典的。《临济录》向来有“(语）录中之王”（圆慈《五家参详要路门》卷一）的称号，其中亦每每引用佛教经论。临济禅师自谓“曾向毗尼中留心，亦曾于经论中探讨”(《临济录》),《祖堂集》卷十九也特别记载临济造谒大愚禅师时，“说《瑜伽论》，谭《唯识》”。不过，由于在表述上禅宗语录往往不采用明确的引经据典的方式，所以在多数情况下，乃是一种暗用，从而也易于为人所忽略。有感于此，兹将《临济录》中引用到的经论著作汇为一编，以便学者观览。由于语录的引经方式是一种暗用或者是随机而出，所以此处所列未必完全；又因为佛经中同一句话往往同时见诸不同的经典，所以也难免稍有出入。但即使如此，也还是不难窥见其大意的。

一、经部

1.《长阿含经》二十二卷　后秦·佛陀耶舍共竺佛念译。

2.《中阿含经》六十卷　东晋·瞿昙僧伽提婆译。

3.《增一阿含经》五十一卷　东晋·瞿昙僧伽提婆译。

4.《鸯掘魔罗经》四卷　刘宋·求那跋陀罗译。

5.《大乘本生心地观经》八卷　唐·般若译。

6.《大般若波罗蜜多经》六百卷　唐·玄奘译。

7.《摩诃般若波罗蜜经》二十七卷　后秦·鸠摩罗

什译。

8.《妙法莲华经》七卷　后秦·鸠摩罗什译。

9.《大方广佛华严经》六十卷　东晋·佛驮跋陀罗译。

10.《大宝积经》一二〇卷　唐·菩提流志译。

11.《如来庄严智慧光明入一切佛境界经》二卷　元魏·昙摩流支译。

12.《佛说无量寿经》二卷　曹魏·康僧铠译。

13.《菩萨从兜术天降神母胎说广普经》七卷　后秦·竺佛念译。

14.《大般涅槃经》四十卷　北凉·昙无谶译。

15.《维摩诘所说经》三卷　后秦·鸠摩罗什译。

16.《楞伽阿跋多罗宝经》四卷　刘宋·求那跋陀罗译。

17.《正法念处经》七十卷　元魏·瞿昙般若流支译。

18.《大佛顶如来密因修证了义诸菩萨万行首楞严经》十卷　唐·般剌蜜帝译。

二、律部

1.《十诵律》六十一卷　后秦·弗若多罗共鸠摩罗什译。

三、论部

1.《大智度论》一百卷　后秦·鸠摩罗什译。

2.《成唯识论》十卷　唐·玄奘译。

3.《大乘成业论》一卷　唐·玄奘译。

4.《大乘起信论》二卷　唐·实叉难陀译。

5.《新华严经论》四十卷　唐·李通玄撰。

6.《华严经合论》一二〇卷　唐·李通玄造论，志宁、厘经合论。

7.《肇论》一卷　后秦·僧肇撰。

8.《大乘法苑义林章》七卷　唐·窥基撰。

四、禅宗部

1.《血脉论》　旧题达磨撰。

2.《破相论》　旧题达磨撰。

3.《金刚经颂》　旧题傅大士撰。

4.《大乘赞》　梁·宝志撰。

5.《信心铭》　隋·僧璨撰。

6.《六祖惠能大师于韶州大梵寺施法坛经》一卷　唐·法海集。

7.《永嘉证道歌》一卷　唐·玄觉撰。

8.《禅源诸诠集都序》四卷　唐·宗密撰。

9.《乐道歌》 唐·懒瓒和尚撰。

10.《一钵歌》 唐·杯渡和尚撰。

11.《牧护歌》 唐·苏溪和尚撰。

12.《玩珠吟》 唐·丹霞和尚撰。

13.《获珠吟》 唐·关南长老撰。

14.《谭道颂》 唐·智闲和尚撰。

15.《黄檗山断际禅师传心法要》一卷　唐·裴休集。

16.《黄檗断际禅师宛陵录》一卷　唐·裴休集。

17.《神会语录》。

18.《怀让语录》。

19.《马祖语录》。

20.《百丈语录》。

21.《南泉语录》。

五、史传部

1.《宝林传》十卷　唐·释智炬撰。

2.《法苑珠林》一百卷　唐·释道世撰。

《临济录》凡一万三千三百八十字，而引用到的佛教典籍就达五十种之多，遍及经、律、论三藏。以经部而言，就包括阿含部、般若部、涅槃部、华严部、宝积部、法华部、方等部、经集部等。经部中引用最多的是《维摩诘经》，禅宗部引用最多的是黄檗的《传心法要》，由此也不难看出其思想来源。

参考书目

1.《镇州临济慧照禅师语录》 唐 · 慧然集 《大正新修大藏经》(简称《大藏经》)第四十七册　新文丰出版公司一九八三年版

2.《临济钞》 日本 · 佚名撰，柳田圣山编 《禅学丛书》之十　中文出版社一九八六年版

3.《临济录夹山钞》 日本 · 佚名撰 《禅学丛书》之十

4.《临济录瑞岩钞》 日本 · 见叟智彻撰 《禅学丛书》之十

5.《临济录拈古》 日本 · 晫同守佶撰 《禅学丛书》之十

6.《临济录撮要钞》 日本 · 铁崖道空撰 《禅学丛书》之十

7.《临济录摘叶钞》 日本·耕云子撰 《禅学丛书》之十

8.《临济录疏瀹》 日本·无著道忠撰 《禅学丛书》之十

9.《临济录提唱》 日本·足利紫山撰 大法轮阁一九四五年版

10.《临济录》 日本·秋月龙珉译注 筑摩书房一九七二年版

11.《临济录》 日本·入矢义高译注 岩波书局一九八九年版

12.《四家语录》《禅学丛书》之三

13.《五家语录》 明·郭凝之编 《禅学丛书》之三

14.《祖堂集》 五代·静、筠编 《禅学丛书》之四

15.《宝林传》 唐·智炬撰 《禅学丛书》之五

16.《天圣广灯录》宋版 《禅学丛书》之五

17.《景德传灯录》宋版 宋·道原纂 《禅学丛书》之六

18.《景德传灯录》高丽版 宋·道原纂 《禅学丛书》之六

19.《禅林象器笺》 日本·无著道忠撰 《禅学丛书》之九

20.《葛藤语笺》 日本·无著道忠撰 《禅学丛书》

之九

21.《长阿含经》 后秦·佛陀耶舍共竺佛念译 《大藏经》第一册

22.《中阿含经》 东晋·瞿昙僧伽提婆译 《大藏经》第一册

23.《增一阿含经》 东晋·瞿昙僧伽提婆译 《大藏经》第二册

24.《大乘本生心地观经》 唐·般若译 《大藏经》第三册

25.《大般若波罗蜜多经》 唐·玄奘译 《大藏经》第五—七册

26.《摩诃般若波罗蜜经》 后秦·鸠摩罗什译 《大藏经》第八册

27.《妙法莲华经》 后秦·鸠摩罗什译 《大藏经》第九册

28.《大宝积经》 唐·菩提流志译 《大藏经》第十一册

29.《菩萨从兜术天降神母胎说广普经》 后秦·竺佛念译 《大藏经》第十二册

30.《大般涅槃经》 北凉·昙无谶译 《大藏经》第十二册

31.《大般涅槃经》 刘宋·慧严等译 《大藏经》第

十二册

32.《如来庄严智慧光明入一切佛境界经》 元魏·昙摩流支译 《大藏经》第十二册

33.《维摩诘所说经》 后秦·鸠摩罗什译 《大藏经》第十四册

34.《金光明经》 北凉·昙无谶译 《大藏经》第十六册

35.《楞伽阿跋多罗宝经》 刘宋·求那跋陀罗译 《大藏经》第十六册

36.《正法念处经》 元魏·瞿昙般若流支译 《大藏经》第十七册

37.《大乘无量寿经》 唐·法成译 《大藏经》第十九册

38.《大佛顶如来密因修证了义诸菩萨万行首楞严经》 唐·般刺蜜帝译 《大藏经》第十九册

39.《大方广菩萨藏文殊师利根本仪轨经》 宋·天息灾译 《大藏经》第二十册

40.《弥沙塞部和醯五分律》 刘宋·佛陀什共竺道生译 《大藏经》第二十二册

41.《十诵律》 后秦·弗若多罗共鸠摩罗什译 《大藏经》第二十三册

42.《大智度论》 龙树菩萨造，后秦·鸠摩罗什译

《大藏经》第二十五册

43.《成唯识论》 护法等菩萨造，唐·玄奘译 《大藏经》第三十一册

44.《宝藏论》 后秦·僧肇作 《大藏经》第四十五册

45.《肇论》 后秦·僧肇作 《大藏经》第四十五册

46.《大乘法苑义林章》 唐·窥基撰 《大藏经》第四十五册

47.《黄龙慧南禅师语录》 宋·惠泉集 《大藏经》第四十七册

48.《虚堂和尚语录》 宋·妙源编 《大藏经》第四十七册

49.《大慧普觉禅师语录》 宋·蕴闻编 《大藏经》第四十七册

50.《佛果圆悟禅师碧岩录》 宋·重显颂古、克勤评唱 《大藏经》第四十八册

51.《无门关》 宋·宗绍编 《大藏经》第四十八册

52.《人天眼目》 宋·智昭集 《大藏经》第四十八册

53.《六祖大师法宝坛经》 元·宗宝编 《大藏经》第四十八册

54.《少室六门集》 梁·菩提达摩作 《大藏经》第

四十八册

55.《信心铭》 隋·僧璨作 《大藏经》第四十八册

56.《黄檗山断际禅师传心法要》 唐·裴休集 《大藏经》第四十八册

57.《黄檗断际禅师宛陵录》 唐·裴休集 《大藏经》第四十八册

58.《禅源诸诠集都序》 唐·宗密述 《大藏经》第四十八册

59.《永嘉证道歌》 唐·玄觉撰 《大藏经》第四十八册

60.《宗镜录》 宋·延寿集 《大藏经》第四十八册

61.《敕修百丈清规》 元·德辉重编 《大藏经》第四十八册

62.《佛祖历代通载》 元·念常集 《大藏经》第四十九册

63.《高僧传》 梁·慧皎撰 《大藏经》第五十册

64.《宋高僧传》 宋·赞宁等撰 《大藏经》第五十册

65.《景德传灯录》 宋·道原纂 《大藏经》第五十一册

66.《法苑珠林》 唐·道世撰 《大藏经》第五十三册

67.《大宋僧史略》 宋·赞宁撰 《大藏经》第五十四册

68.《释氏要览》 宋·道诚集 《大藏经》第五十四册

69.《翻译名义集》 宋·法云编 《大藏经》第五十四册

70.《兴禅护国论》 日本·荣西撰 《大藏经》第八十册

71.《五家参详要路门》 东岭圆慈撰 《大藏经》第八十一册

72.《祖庭事苑》 宋·善卿编 《卍续藏经》第一一三册 新文丰出版公司一九八三年版

73.《五宗原》 明·法藏著 《卍续藏经》第一一四册

74.《辟妄救略说》 明·圆悟著，真启编 《卍续藏经》第一一四册

75.《拣魔辨异录》 清·世宗皇帝制 《卍续藏经》第一一四册

76.《五家宗旨纂要》 清·性统编 《卍续藏经》第一一四册

77.《禅林类聚》 元·道泰集 《卍续藏经》第一一七册

78.《古尊宿语录》 宋·赜藏主编 《卍续藏经》第一一八册

79.《联灯会要》 宋·悟明集 《卍续藏经》第一三六册

80.《僧宝正续传》《卍续藏经》第一三七册

81.《林间录》 宋·惠洪撰 《卍续藏经》第一四八册

82.《石门文字禅》 宋·惠洪撰 《四部丛刊》本 商务印书馆

83.《五灯会元》 宋·普济撰 中华书局排印本一九八四年版

84.《释氏疑年录》 陈垣撰 《励耘书屋丛刻》本 北京师范大学出版社影印一九八二年版

85.《清初僧诤记》 陈垣撰 《励耘书屋丛刻》本

86.《中国禅思想史》 日本·柳田圣山著，吴汝钧译 台湾“商务印书馆”一九八三年版

87.《禅与西方思想》 日本·阿部正雄著，王雷泉、张汝伦译 上海译文出版社一九八九年版

88.《批判的继承与创造的发展》 傅伟勋著 东大图书公司一九八六年版

89.《禅宗辞典》 日本·山田孝道编 图书刊行会一九七五年版

90.《禅语辞典》 日本・入矢义高监修，古贺英彦编著 思文阁一九九一年版

91.《论语正义》 魏・何晏等注，宋・邢昺疏 《十三经注疏》本 中华书局影印一九八〇年版

92.《隋书》 唐・魏徵等撰 中华书局排印本一九七三年版

93.《玉海》 宋・王应麟撰 《中国历代书目丛刊》本 现代出版社一九八七年版

94.《朝鲜图书解题》 朝鲜・总督府编 朝鲜通信社一九三二年版

95.《史通笺注》 张振佩笺注 贵州人民出版社一九八五年版

96.《庄子集释》 清・郭庆藩辑 中华书局排印本一九六一年版

97.《列子集释》 杨伯峻撰 中华书局一九七九年版

98.《封氏闻见记》 唐・封演撰 《四库全书》本

99.《梦溪笔谈校证》 胡道静校证 上海古籍出版社一九八七年版

100.《避暑录话》 宋・叶梦得撰 中华书局排印本一九八四年版

101.《岩下放言》 宋・叶梦得撰 《四库全书》本

102.《能改斋漫录》 宋·吴曾撰　上海古籍出版社排印本一九七九年版

103.《老学庵笔记》 宋·陆游撰　中华书局排印本一九七九年版

104.《学林》 宋·王观国撰　中华书局排印本一九八八年版

105.《本草纲目》 明·李时珍撰 《四库全书》本

106.《文苑英华》 宋·李昉等编　中华书局影印本一九六六年版

107.《太平广记》 宋·李昉等编　中华书局排印本一九六一年版

108.《文心雕龙注》 范文澜注　人民文学出版社一九五八年版

109.《禅居集》 日本·清拙正澄撰 《五山文学全集》第一卷　上村观光编　思文阁一九七三年版

110.《济北集》 日本·虎关师炼撰 《五山文学全集》第一卷

111.《天柱集》 日本·竺仙梵仙撰 《五山文学全集》第一卷

112.《若木集》 日本·此山妙在撰 《五山文学全集》第二卷

113.《狂云集》 日本·一休宗纯撰 《续群书类从》第十二辑下　续群书类从完成会一九二七年版

出版后记

星云大师说："我童年出家的栖霞寺里面，有一座庄严的藏经楼，楼上收藏佛经，楼下是法堂，平常如同圣地一般，戒备森严，不准亲近一步。后来好不容易有机缘进到藏经楼，见到那些经书，大都是木刻本，既没有分段也没有标点，有如天书，当然我是看不懂的。"大师忧心《大藏经》卷帙浩繁，又藏于深山宝刹，平常百姓只能望藏兴叹；藏海无边，文辞古朴，亦让人望文却步。在大师倡导主持下，集合两岸近百位学者，经五年之努力，终于编修了这部多层次、多角度、全面反映佛教文化的白话精华大藏经——《中国佛教经典宝藏》，将佛教深睿的奥义妙法通俗地再现今世，为现代人提供学佛求法的方便途径。

完整地引进《中国佛教经典宝藏》是我们的夙愿，

三年来，我们组织了简体字版的编审委员会，编订了详细精当的《编辑手册》，吸收了近二十年来佛学研究的新成果，对整套丛书重新编审编校。需要说明的是此次出版将丛书名更改为《中国佛学经典宝藏》。

佛曰：一旦起心动念，也就有了因果。三年的不懈努力，终于功德圆满。一百三十二册，精校精勘，美轮美奂。翰墨书香，融入经藏智慧；典雅庄严，裹沁着玄妙法门。我们相信，大师与经藏的智慧一定能普应于世，济助众生。

东方出版社